**POLYGLOTT** on tour

# Bodensee

Der Autor
**Gunnar Habitz**

Unser E-Book-Code zur elektronischen Erweiterung des
POLYGLOTT on tour. Das kostenlose E-Book enthält die im
Reiseführer aufgeführten Adressen entlang der Touren,
beispielsweise zu Essen und Trinken, Shoppen, Aktivitäten und
Hotel-Tipps. Links auf einen externen Kartendienst
vereinfachen das Auffinden dieser Adressen.

**Mit großer Faltkarte
& 80 Stickern
für die individuelle Planung**

www.polyglott.de

**SYMBOLE ALLGEMEIN**

 Besondere Tipps der Autoren

**SPECIAL** Specials zu besonderen
Aktivitäten und Erlebnissen

**SEITEN BLICK** Spannende Anekdoten
zum Reiseziel

⭐ Top-Highlights und

⭐ Highlights der Destination

## 48 Top-Touren & Sehenswertes

---

| TOUR-SYMBOLE | | PREIS-SYMBOLE | | |
|---|---|---|---|---|
| ❶ | Die POLYGLOTT-Touren | € | Hotel DZ: | bis 50 EUR / bis 150 CHF |
| ❻ | Stationen einer Tour | €€ | | 50–100 EUR / 150–300 CHF |
| ① | Hinweis auf 50 Dinge | €€€ | | über 100 EUR / über 300 CHF |
| [A1] | Die Koordinate verweist auf | | | |
| | die Platzierung in der Faltkarte | € | Restaurant: | bis 15 EUR / bis 30 CHF |
| [a1] | Platzierung auf Rückseite | €€ | | 15–30 EUR / 30–60 CHF |
| | Faltkarte | €€€ | | über 30 EUR / über 60 CHF |

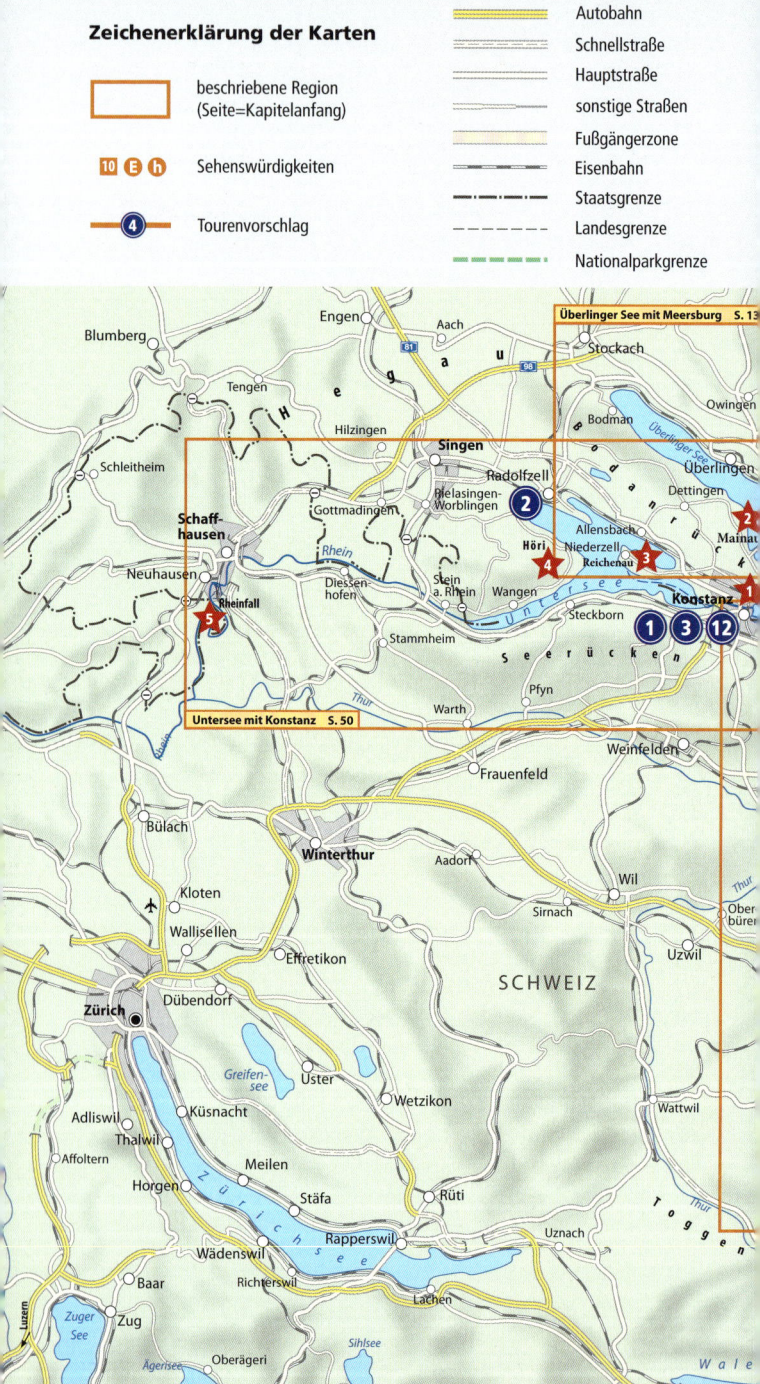

## Zeichenerklärung der Karten

beschriebene Region
(Seite=Kapitelanfang)

**10** **E** **h** Sehenswürdigkeiten

**4** Tourenvorschlag

Autobahn
Schnellstraße
Hauptstraße
sonstige Straßen
Fußgängerzone
Eisenbahn
Staatsgrenze
Landesgrenze
Nationalparkgrenze

Überlinger See mit Meersburg  S. 13

Untersee mit Konstanz  S. 50

**1 Touren-Start**

**Perfekte Planung**
Parallel Klappe vorne links aufschlagen

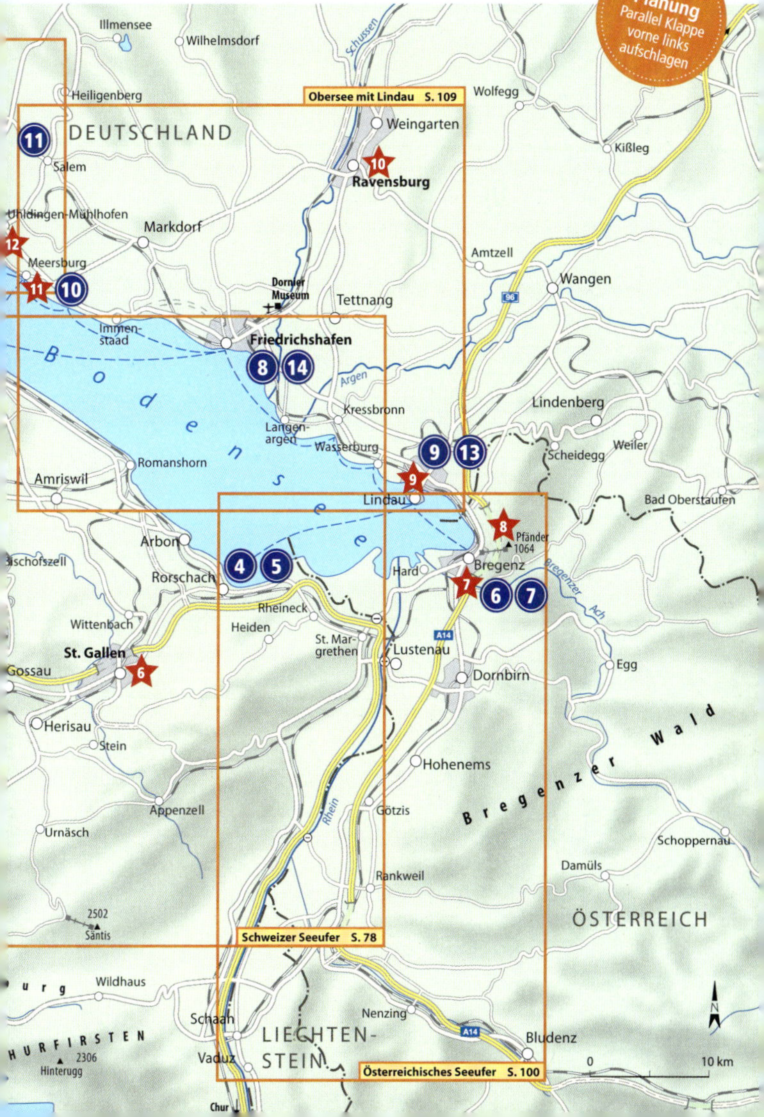

Obersee mit Lindau   S. 109

DEUTSCHLAND

Schweizer Seeufer   S. 78

Österreichisches Seeufer   S. 100

ÖSTERREICH

LIECHTEN-STEIN

Blick auf die Kirche St. Georg
und das Schloss von Wasserburg
am Bodensee

# TYPISCH

# Der Bodensee ist eine Reise wert!

Beeindruckende Vielfalt erwartet Sie in der Ferienregion im Süden von Deutschland, im Norden der Schweiz und im Westen von Österreich. Das spannende Dreiländereck wird vom Fürstentum Liechtenstein zur Vierländerregion komplettiert.

Der Autor **Gunnar Habitz** arbeitet in Zürich als internationaler Manager in der IT-Branche. Als Reiseleiter begleitete er während seines Studiums jahrelang Touristen durch Europa. Der Schweizer Autor mit Bremer Wurzeln veröffentlichte zahlreiche Reiseführer, Hotelführer und Reiseberichte über Tschechien, die Schweiz und den Bodensee (www.habitz.ch). Er ist auch Autor der POLYGLOTT-Titel Prag, Schweiz und Zürich.

Herzlich willkommen am »Schwäbischen Meer« – oder sollte es nicht doch besser »Mehr« heißen? Die länderübergreifende Region entlang des verschachtelten Bodensees ist für mich ein Plus in jeder Hinsicht: Hier stoße ich immer wieder auf eine spannende Vielfalt, egal aus welchen Gründen ich den See aufsuche. Manchmal brauche ich seine Ruhe, manchmal die quirlige Geschäftigkeit seiner größeren Städte. Der Bodenseeraum ist nämlich nicht nur eine erholsame Ferienregion, sondern auch ein blühender Wirtschaftsraum.

Weinstube in der Niederburggasse in Konstanz

*Fachwerkhäuser wie hier in Gottlieben begeistern mich immer wieder*

che? Was schätzt jemand wie ich, der die Chance hat, nach und nach den ganzen See kennenzulernen? Als Stadtmensch mag ich ganz besonders Konstanz mit seiner hübschen Altstadt rund um das Münster und den vielen Nebengassen mit ihren Geschäften und Cafés. Und schließlich beginnt ja bereits hier eine spannende Gastronomie aus regionalen Zutaten, etwa fangfrischer Bodenseefisch oder das fast gesegnet zu nennende Gemüse von der Insel Reichenau, gefolgt von Apfeldesserts aus »Mostindien«, wie wir in der Schweiz den Kanton Thurgau nennen. An Schweizer Feiertagen, etwa dem ersten August, hört man in den Konstanzer Geschäften übrigens (fast) nur noch Schweizerdeutsch; erst recht seit dem günstigen Kurs gegenüber dem Euro.

Während die meisten Reisenden von Konstanz aus in Richtung Meersburg übersetzen und dessen pittoreske Altstadt bestaunen, zieht

Regelmäßige Bodenseereisende haben jeweils ihre eigene Geschichte, die sie immer wieder an die Gestaden des Dreiländersees bringt. Meine liegt weit zurück. Als gebürtiger Bremer erschien mir der Bodensee in meiner Jugend unendlich weit entfernt und wurde so zu einem Ziel meiner Reisesehnsucht – auch wenn die Nordsee praktisch vor meiner Haustür lag.

Erst seitdem ich Ende der Neunzigerjahre nach Zürich gezogen bin und mittlerweile oft in Richtung München und weiter nach Prag fahre, ist der Bodensee zum perfekten Abstecher für mich geworden – das kann ein verlängertes Wochenende sein oder auch mehrere Tage, in denen ich den See Stück für Stück aufs Neue entdecke.

Und wohin verschlägt es mich, wenn ich von Zürich aus meiner »See(n)sucht« nachgebe, aber dann eben doch eine knappe Autostunde zum nächstmöglichen See-Zipfel brau-

*Konstanz bei Sonnenschein kommt für mich gleich nach dem Paradies*

Mit Weinfreunden komme ich gern nach Meersburg

ihnen entdeckte ich für mich das Empirestädtchen Heiden, wo der Begründer des Roten Kreuzes, Henry Dunant, seinen Lebensabend verbrachte. Die Region reicht weiter ins schweizerische Appenzell mit dem Säntis und in die einstige Schweizer Textilmetropole St. Gallen mit ihrem berühmten Stiftsbezirk und einem überregional bedeutenden Theater. Bei jedem Besuch nehme ich mir etwas anderes vor und hebe auch gleich etwas für meine nächste Reise auf – etwa die komplette Seeumrundung mit dem Fahrrad.

Zu jeder Jahreszeit zeigt sich mir der Bodensee mit seinen Ausläufern in einem anderen Gesicht. Dabei ist er immer familienfreundlich und auf eine ganze eigene Weise entspannt. Selbst wenn ich nur an ihm vorbeifahre, weckt der Anblick des Sees immer noch nachhaltige Sehnsüchte in mir, und dann weiß ich, dass es Zeit wird für einen nächsten Abstecher. Einige meiner norddeutschen Freunde sind nach ausgiebigen Ferien in der Region gar an den See gezogen – nach dem Motto »arbeiten, wo andere Ferien machen«. Der Bodensee zieht an, begeistert durch abwechslungsreiche Regionen und Landschaften und führt die Prägungen und Gegensätze dreier Länder auf ganz wunderbare Weise zusammen.

Mich jedenfalls lässt die faszinierende und gastfreundliche Bodenseeregion zwischen Deutschland, Österreich und der Schweiz einfach nicht mehr los.

mich eher die mediterrane Urlaubsstimmung in Überlingen mit seiner prachtvollen Promenade an, auf der man in Ruhe flanieren kann. Dabei komme ich ebenfalls kulinarisch auf meine Kosten, denn hier werden in den historischen Weinstuben edle Tropfen dieser Weinbauregion ausgeschenkt. Und ähnlich wohl fühle ich mich in Langenargen mit seinem schönen Schloss Montfort im maurischen Stil, das ich gern als unerwartete Architekturperle am See bezeichne.

Häufig zieht es mich aber auch zum Schweizer Seeufer, das mangels bekannter Orte ein wenig im Schatten steht. Während am gegenüberliegenden Ufer Meersburg und Lindau wohl die meisten Touristen auf sich ziehen, haben die kleineren Orte in der Schweizer Bodenseeregion wie Gottlieben, Arbon und Romanshorn für mich einen ganz besonderen Reiz. Und im hügeligen Hinterland mag ich die entspannten Wanderungen in verschiedenen Schwierigkeitsgraden. Auf einer von

# Reisebarometer

Der Bodensee präsentiert sich als vielfältige Reise-region, die für alle Besucher je nach Vorlieben etwas Besonderes bietet – Landschaft, Kultur und sportliche Angebote im Überfluss.

**Abwechslungsreiche Landschaft**
Von Ried- und Moorlandschaften bis zur alpinen Bergwelt

**Kultur und Besichtigungsmöglichkeiten**
Wichtige Klöster und Kirchen, Kunst- und Erlebnismuseen

**Kulinarische Vielfalt**
Hohes gastronomisches Niveau aus drei Ländern

**Spaß und Abwechslung für Kinder**
Abenteuerparks, Spielzeugmuseen und viel Natur

**Vielfältiges Shoppingangebot**
Gute Einkaufsmöglichkeiten, u. a. in Outlet-Centern

**Wellness und Wohlfühlparadies**
Drei Bodensee-Thermen und kreative Wellnessangebote

**Abenteuer und Entdecken**
Auf den Spuren der Pfahlbauer wandeln oder im Zeppelin den See überqueren

**Auswahl sportlicher Aktivitäten**
Radfahren, Segeln, Surfen, Wandern, Schlittschuhlaufen

**Feste & Events**
Hochkarätige Konzertreihen, Top-Events wie die Bregen-zer Festspiele, Kulturufer- und Seenachtsfest

**Preis-Leistungs-Verhältnis**
Preisunterschiede zwischen den drei Ländern nutzen!

● = gut     ● ● ● ● ● = übertrifft alle Erwartungen

# 50 Dinge, die Sie …

Hier wird entdeckt, probiert, gestaunt, Urlaubserinnerungen werden gesammelt und Fettnäpfe clever umgangen. Diese Tipps machen Lust auf mehr und lassen Sie die ganz typischen Seiten erleben. Viel Spaß dabei!

## … erleben sollten

**(1) Entschleunigung** Ob in Teiletappen oder mehrere Tage lang, der Bodensee-Radweg › **S. 28** lädt zur Entdeckung der Langsamkeit und zu entschleunigter Mobilität ein. Unter diesem Motto treffen sich am »Tag der Bewegung und Begegnung« alljährlich Radler und Skater beim slowUp Bodensee Schweiz zur 40 km langen Rundtour ab Romanshorn › **S. 84** (Infos, Fahrradverleih, Streckenpläne: www.slowup-boden seeschweiz.ch).

**(2) Badekultur in der Mili** Direkt an der Pipeline, der Uferpromenade von Bregenz, und mit herrlichem Blick auf die Bregenzer Bucht liegt das liebevoll Mili genannte Nostalgiebad › **S. 98**. Einzigartig ist die Atmosphäre der auf Holzpfählen erbauten, u-förmigen Badehütte, in der man sich – von der Außenwelt abgeschirmt – mit Sonnendecks und Liegestühlen wie auf einem Dampfer auf See fühlt.

**(3) In die Vergangenheit segeln** Tauchen Sie ab dem Landungssteg in Immenstaad ein in die Bodensee-Schifffahrt von anno dazumal: Auf der Lädine »St. Jodok« › **S. 124**, dem Nachbau eines Lastenseglers

aus dem 19. Jh., lässt es sich (nur) am Wochenende auf der anderthalbstündigen Fahrt auf Vorbestellung auch herrlich Weißwürste frühstücken (Fahrt und Frühstück 23,50 €, Kinder 15,50 €).

**(4) Angeln** Warum den fangfrischen Fisch nur in den Restaurants verzehren, wenn man selbst gerne angelt und mit den Bodenseefischen vertraut ist? Über die etwa 20 Angelstellen und die notwendige Erlaubnis informiert die Internetseite www.bodensee-angeln.de.

**(5) Witzweg** Die Appenzeller sind für ihren skurrilen Humor bekannt. Also haben sie von Heiden aus einen 8 km langen Wanderweg mit Schautafeln ihres listigen Humors gestaltet › **S. 92**. Gut für Wiederholer: Gelegentlich werden die Witze ausgetauscht.

**(6) Bachrauschen** Nach einem Besuch der Erlebnisausstellung inatura in Dornbirn › **S. 106** durch den Stadtgarten wandeln und aus einem der Stahlhorchrohre das Rauschen des unterirdischen Müllerbaches im Dornröschenpark hören.

**(7) Demokratie hautnah** Jeweils am letzten Sonntag im April lässt sich die eidgenössische direkte De-mokratie live erleben: In Appen-zell-Innerrhoden wird über Sach-fragen und Wahlen per Hand auf dem Dorfplatz abgestimmt. › S. 93

⑧ **Mit dem Kanu zu Kirchen und Klöstern** Die geführte Kanutour um die Insel Reichenau › S. 63, die von La Canoa › S. 28 angeboten wird, ist auch für Anfänger und Familien mit Kindern geeignet (44,90 €).

⑨ **Ein Paradies im See** Von Eschenz trennt Sie nur eine 125 m lange Holzbrücke zur kleinen para-diesischen Insel Werd › S. 73. Mit etwas Glück treffen Sie einen Fran-ziskanerbruder an, der viel von der Insel zu erzählen weiß, oder Sie ma-chen sich zum Inselrundgang auf – am besten frühmorgens.

⑩ **Narrengericht** In Stockach beim »Hohen Grobgünstigen Nar-rengericht‹‹ › S. 47 die Verteidigungs-rede des Angeklagten verfolgen und – je nach Sympathie – mit ihm mit-bibbern.

## … probieren sollten

⑪ **Flädlesuppe** Die Kraftbrühe mit eingelegten Pfannkuchenstrei-fen schmeckt besonders gut beim Kornmesser in Bregenz. › S. 105

⑫ **Kässpätzle** gibt es in diversen Versionen im gesamten Boden-seeraum. Hausgemacht sind sie im Schäpfle in Überlingen. › S. 143

Bodensee-Radweg bei Münsterlingen

⑬ **Dinnele** oder auch Dinnete nennt man die schwäbisch-aleman-nische Antwort auf Elsässer Flamm-kuchen, schweizerische Wähen bzw. italienische Pizza. Regional unter-schiedlich belegt, werden sie v. a. auf der westlichen Seite des Bodensees serviert. Im Häfeli ist ihnen eine ei-gene Holzhütte gewidmet. › S. 138

⑭ **Herzhafte Kartoffelgerichte** gibt es häufig am Bodensee, oft stammen die Knollen von der Rei-chenau. Die größte Vielfalt serviert das Spezialrestaurant Tolle Knolle in Konstanz › S. 62. Für die Rösti schwärmen selbst die Schweizer.

⑮ **Leckerer Spargel** kommt ins-besondere aus der Kleinstadt Tett-nang im Hinterland des Obersees: sehr empfehlenswert im histori-schen Hotelrestaurant Rad. › S. 126

⑯ **Bodenseefisch** Zwei typische Fischsorten stehen auf den meisten Speisekarten am See: Felchen, ein forellenähnlicher Lachsfisch, und Flussbarsch, der auf der deutschen

In Lindau tanzen Marionetten Schwanensee

auch an den hiesigen Gerstensäften, z. B. von der Kleinstbrauerei Max & Moritz in Kressbronn. › S. 119

**(20) Fondue** steht v. a. am Schweizer Seeufer und im Appenzellerland auf der Speisekarte. In Stein bei Herisau › **S. 95** schwelgt man im Bergkräuter-Käse-Fondue des Gasthofs Ochsen (€€, Mo/Di geschl., Dorf, CH-9063 Stein, Tel. 071 367 19 11, www. ochsen-stein.ch).

Seite Kretzer und in der Schweiz Egli genannt wird. Beide sind im Schachener Hof in Bad Schachen ein preisgekrönter Genuss. › **S. 118**

**(17) Feine Tropfen** Schon lange bevor der Botaniker Müller aus dem Kanton Thurgau einige Rebsorten miteinander kreuzte, wurde Wein am Bodensee angebaut. Der Müller-Thurgau nimmt zwar immer noch die größte Anbaufläche ein, doch probieren sollte man auch die anderen Weine des Bodensees. Ein idealer Ort ist dafür der Reblandhof bei Immenstaad. › **S. 125**

**(18) OLMA-Bratwurst** Die bekannteste Wurst der Schweiz wurde anlässlich der OLMA-Messe in St. Gallen kreiert › **S. 91**. Die inzwischen zertifizierte Bratwurst aus Kalbs- und Schweinefleisch ist auch im Restaurant Marktplatz in St. Gallen › **S. 92** stets ohne Senf zu genießen.

**(19) Bier vom Bodensee** Neben dem Wein erfreuen sich Besucher angesichts des prächtigen Hopfens

## ... bestaunen sollten

**(21) Den Bodensee von oben** Einmalig ist eine Rundfahrt mit dem Zeppelin NT (»Neue Technologie«) › **S. 30**, der ab Friedrichshafen u. a. zum zweistündigen Flug über den ganzen Bodenseeraum startet. Das prachtvolle Bodenseepanorama in verschiedenen Flugvarianten hat allerdings seinen Preis (210–795 €).

**(22) Schweizer Piazza** Die malerische Altstadt von Stein am Rhein › **S. 72** ist ein wahres Schmuckstück. Die farbenfrohen Fachwerkfassaden mit hübschen Erkern und steilen Giebeln entlang der Understadt und dem Raathuusplatz ergeben eine lang gezogene Piazza mit ansteckend entspannter Atmosphäre.

**(23) Luxusautos** In der Hall of Fame im Rolls-Royce-Museum in Dornbirn › **S. 107** wird ein Mythos lebendig: vom Safari-Tourenwagen von König George V. über den Landauer von Queen Mum zum blauen

Rolls-Royce Malcolm Campbells kann man handgefertigte Unikate bewundern.

**24 Schräg und schön** Selbst die Zebrastreifen vor der von Friedensreich Hundertwasser entworfenen Markthalle in Altenrhein › **S. 88** sind geschwungen – übrigens die einzigen in der Schweiz, die nicht eckig sein müssen.

**25 Kulturereignis** Spektakuläre Bühnenbilder und Inszenierungen vor grandioser Bergkulisse auf der größten Seebühne der Welt: Die Opernabende der Bregenzer Festspiele › **S. 102** sind nicht nur ein akustisches, sondern auch ein optisches Highlight.

**26 Lila bis blau** Die Blüte der Sibirischen Schwertlilie im Eriskircher Ried › **S. 121**, dem größen Naturschutzgebiet am Nordufer, entfaltet im Frühsommer ihre volle Pracht.

**27 Lichtkunst** Das Dornier Museum in Friedrichshafen › **S. 123** ist an sich schon einen Besuch wert, die Lichtchoreografie von James Turrell jedoch, die bei einsetzender Dämmerung das Vorderhaus illuminiert, verwandelt das Museum in einen imaginären Fixstern im All.

**28 Zauberhaft** Wunderschön am Schweizer Seerhein gelegen, präsentiert sich das kleine Gottlieben › **S. 76** wie ein Dorf aus dem Märchenbuch. Und wer dann am Seeufer die Sonne untergehen sieht, weiß, was verzaubern bedeutet.

**29 Schwanensee** Der Ballettklassiker wird in der Marionettenoper in Lindau › **S. 112** mit sichtbarer physischer Anstrengung von Puppen getanzt – die perfekte Illusion! (Fischergasse 37, D-88131 Lindau, Tel 0 83 82/94 24 46, www.marionet tenoper.de)

**30 Garten-Manufaktur** Am Untersee können zahlreiche Schau- und Privatgärten besichtigt werden, darunter auch Manfred Siegwarths nach Feng-Shui-Kriterien gestaltete Parklandschaft in Singen › **S. 69** (Fabrikstr. 29, D-78224 Singen, April bis Okt. Mo–Fr 8–18, Sa/So 11 bis 18 Uhr, www.siegwarth.com, Eintritt frei).

**31 Kulturdenkmal** Die zweitälteste Hängebrücke Deutschlands, die Argenbrücke › **S. 120**, überquert die Argen bei Kressbronn-Gohren seit 1897. Heute dürfen aber nur noch Fußgänger und Radfahrer das technische Wunderwerk nutzen.

# … mit nach Hause nehmen sollten

**32 Brisanti** Köstliche Limonaden und Cidres aus heimischen Apfelsorten ohne Zucker- und Aromazusatz gibt es bei der Stahringer Streuobstmosterei › **S. 124**. Verkaufsstellen am Bodensee sind auf der Internetseite der Firma aufgeführt.

**33 Heimwehpäckli** Appenzeller Käse gibt es natürlich überall in der Schweiz, aber bei der Käseauswahl des »Heimwehpäckli« der Appenzeller Schaukäserei › **S. 97** wurden selbst die Streichhölzer zum Anzünden des Fondue-Rechauds nicht vergessen (39 CHF).

**34 Bodenseewein** Vom Staatsweingut in Meersburg › **S. 137** sollten Sie unbedingt ein paar Flaschen mitnehmen – mit einem Müller-Thurgau (ab 6 €) oder Spätburgunder (ab 8 €) kann man wunderbar Urlaubserinnerungen nachhängen.

**35 Gottlieber Hüppen** Die feinen Rollwaffeln mit unterschiedlichen Füllungen schmecken zu Hause besonders gut aus einer der Schmuck- oder Künstlerdosen (ab 16 CHF) des Manufakturladens. › **S. 77**

**36 Knochenmühle** Das Team um Kommissar Schielin und Esel Ronsard löst im aktuellen Krimi von Jakob Maria Soedher bereits seinen achten Fall. Neben Hochspannung erwarten den Leser immer wieder wunderschöne Beschreibungen des Bodensees In der Altemöller'schen Buchhandlung auf der Lindauer Insel › **S. 113** können Sie vorab schon mal drin schmökern (Cramergasse 10, D-88131 Lindau, Tel. 0 83 82/ 2 60 55 75, Mo–Sa 10–18, So 11 bis 18 Uhr, www.altemoellersche.de).

**37 Edelbrände** Den »Geist« des Bodensees nehmen Sie mit dem sündhaft guten Mispelbrand (18 €) der Brennerei im Dorf in Überlingen mit nach Hause. › **S. 143**

**38 Schokolade** Die gute »Schoki« aus der Schweiz gehört einfach dazu. Der Fabrikverkauf von Chocolat Bernrain in Kreuzlingen › **S. 84** bietet eine Riesenauswahl, z. B. Schokolade mit Kokosblütenzucker.

**39 Feuerbock & Mondidol** Wer sich an die Pfahlbauten in Unteruhldingen › **S. 137** fühlbar erinnern möchte, dem hilft bestimmt die detailgenaue Nachbildung eines Mondidols (3,50 €) aus der Spätbronzezeit vom Museumsshop des Pfahlbaumuseums.

**40 Pfiffikuss Streuwürze** Edel ist die Gemüsebrühe (ab € 4,50) von der Insel Reichenau › **S. 63**, mit der Sie die Gemüsevielfalt der Insel mit nach Hause nehmen können (www.reichenauer-pfiffikuss.de), z. B. vom Hofladen der Familie Böhler auf der Insel (Riedstr. 10, D-78479 Insel Reichenau, Tel. 0 75 34/75 34, Mo bis Fr 9–18, Sa bis 15 Uhr, im Herbst und Winter kürzere Öffnungszeiten, www.gemuese-boehler.de).

Weinfässer im Staatsweingut Meersburg

**41 Konstanz im Glas** Die wahlweise Konstanz oder Bodensee genannten überaus feinen Schokoladen- und Zitronenküchlein in hübschen Einweckgläsern werden im Auftrag der Glücksmanufaktur gebacken (Bezug online über www.die-gluecksmanufaktur.de, 9,95 €) und u. a. im Laden Glückseeligkeit in der südlichen Konstanzer Altstadt › S. 62 verkauft.

**42 Revival** Im Badeoutfit von Schiesser, dem Traditionsunternehmen am Bodensee, schwimmt es sich auch daheim doppelt gut – und günstig, wenn Sie im Seemaxx in Radolfzell fündig werden. › S. 68

# ... bleiben lassen sollten

**43 Insel Lindau oder Meersburg am Wochenende mit dem Auto** Gerade dann sind die Parkplätze noch voller als die Restaurants, ewiges Parkplatzsuchen verpestet außerdem Umwelt und Laune. Also lieber die öffentlichen Verkehrsmittel benutzen.

**44 Pfändertunnel ohne Pickerl** Seit 2013 die zweite Röhre eröffnet wurde, ist der volle Betrag der österreichischen Vignette zu berappen. Bei hohen Bußen und verstopfter Innenstadt von Bregenz allerdings immer noch die bessere Wahl.

**45 Orange Blitzlichter ignorieren** Bei Starkwind- oder gar Sturmwarnung › S. 28 sollten Schiffsführer dringend anlegen und Schwimmer schleunigst raus aus dem See.

**46 Teure Roaminggebühren** Im Sommer 2014 reduzierte die EU zwar die Preise für Telefonie und Daten im Ausland, eine hohe Rechnung ist aber immer noch möglich, da die Schweiz hier nicht mitzählt.

**47 Verkehrsregeln nicht einhalten** Die Schweiz hat z. T. andere Regeln als die Nachbarländer. So darf man hier nur dort »parkieren«, wo es ausdrücklich erlaubt ist. Und alle Fahrzeuge müssen mit Licht fahren – auch am Tag.

**48 Selbstüberschätzung am und im Wasser** Immer wieder kommt es auch am Bodensee zu tödlichen Badeunfällen – sehr häufig aus Selbstüberschätzung der eigenen Kräfte. Halten Sie sich unbedingt an die von der DLRG empfohlenen Regeln im und am Wasser (www.dlrg.de).

**49 Naturschutz missachten** Der Bodensee ist ein wichtiges Wasserreservoir für den Menschen und Lebensraum einer artenreichen Tierwelt. Nehmen Sie bei Wanderungen Rücksicht auf die Flora und Fauna und pflücken Sie auf keinen Fall die häufig unter Naturschutz stehenden Pflanzen!

**50 Den Dialekt der Deutsch-Schweizer nachahmen** – allenfalls ein freundliches »Grüezi«, sofern es nicht »Grützi« klingt. Deutsche können diesen Dialekt meist nicht und würden sich nur anbiedern.

# Die ganze Welt
## von POLYGLOTT

Mit POLYGLOTT ganz entspannt auf Reisen gehen. Denn bei über 150 Zielen ist der richtige Begleiter sicher dabei. Unter www.polyglott.de können Sie ganz einfach direkt bestellen. GUTE REISE!

## Meine Reise, meine APP!

Ob neues Lieblingsrestaurant, der kleine Traum-
strand oder ein besonderes Erlebnis: Die kostenfreie
App von POLYGLOTT ist Ihre persönliche Reise-
App. Damit halten Sie Ihre ganz individuellen Entdeckungen mit Fotos und Adresse fest, verorten sie
in einer Karte, machen Anmerkungen und können
sie mit anderen teilen.

## Kostenloses Navi-E-Book

Unser E-Book-Code zur elektronischen Erweiterung
des POLYGLOTT on tour. Das kostenlose E-Book
enthält die im Reiseführer aufgeführten Adressen
entlang der Touren, beispielsweise zu Essen und
Trinken, Shoppen, Aktivitäten und Hotel-Tipps. Links
auf einen externen Kartendienst vereinfachen das
Auffinden dieser Adressen.

## Geführte Tour gefällig?

Wie wäre es mit einer spannenden Stadtrundfahrt, einer auf Ihre
Wünsche abgestimmten Führung, Tickets für Sehenswürdigkeiten
ohne Warteschlange oder einem Flughafentransfer?
Buchen Sie auf **www.polyglott.de/tourbuchung** mit rent-a-guide bei
einem der deutschsprachigen Guides und Anbieter weltweit vor Ort.

## www.polyglott.de

Besuchen Sie uns auch auf facebook.

# Was steckt dahinter?

Die kleinen Geheimnisse sind oftmals die spannendsten. Wir erzählen die Geschichten hinter den Kulissen und lüften für Sie den Vorhang.

### Wem gehört der Obersee?

Tatsächlich gibt es bis heute keinen staatsvertraglich festgelegten bzw. völkerrechtlich anerkannten Grenzverlauf im Obersee. Das haben die drei Staaten spätestens ab dem 19 Jh. ganz einfach verschlafen … Sowohl die von der Schweiz und Baden-Württemberg bevorzugte Realteilung – nach der die Grenzlinie in der Seemitte verläuft – als auch der von Österreich und Bayern vertretene Kondominiumstatus – demzufolge der Obersee Eigentum aller drei Uferstaaten ist und hoheitliche Aufgaben gemeinsam wahrgenommen werden – beruhen auf Gewohnheitsrecht. Einigkeit herrscht jedoch bei der Haldentheorie, nach der die Gebietshoheit eines Landes seinen Uferbereich bis zu einer Seetiefe von 25 Metern umfasst.

### Was hat es mit den telefonierenden Engeln in Konstanz auf sich?

Nicht weit vom Konzilsgebäude entfernt, in der Markstätte 1, erhebt sich das Geschäftshaus der Konstanzer Sparkasse. Wer am zur Marktstätte hin zeigenden Ostgiebel des neoklassizistischen Gebäudes das Relief erblickt, mag sich fragen, warum sich eine Bank mit zwei telefonierenden Engeln und einem Neptun schmückt, auf dessen Dreizack Isolatoren stecken. Des Rätsels Lösung: Das Gebäude, in dem heute Bankgeschäfte getätigt werden, war von 1888–1891 für das Reichspostamt gebaut worden. Die Figuren des Reliefs, die sich rechts und links an den Reichsadler in der Mitte lehnen, sollten die Verbindung von Post und Telegrafie bzw. Handel und Verkehr anschaulich machen. Heute aber braucht manch einer auch in Geldangelegenheiten einen guten Draht nach oben.

### Warum hat das Geländer der Seeanlagen in Bregenz einen Knoten?

Der Abriss einer über 100 Jahre alten eisernen Fußgängerbrücke, der »Gulaschbrücke«, regte den Kunstschlosser Wif Kofler, der in Bregenz schon so manche Spur hinterlassen hat, derart auf, dass er in einer Nacht-und-Nebel-Aktion den »Knoten gegen das Vergessen« schuf.

### Warum liegen die St. Galler Gaststätten in der ersten Etage?

In den engen Gassen der Altstadt von St. Gallen mit ihren hübschen Erkern fällt wenig Licht ins Erdgeschoss, in dem sich deshalb früher überwiegend kleine Geschäfte eingerichtet hatten oder gar das Vieh gehalten wurde. Daher entstanden die Restaurants in der ersten Etage mit besseren Lichtverhältnissen. Und dort ist man schließlich ja auch näher am kulinarischen Himmel.

Weinberge in Birnau
am Überlinger See

# REISE-PLANUNG & ADRESSEN

# Die Reiseregion im Überblick

**Was übt mehr Reiz auf Anwohner und Urlauber aus als die Kombination aus einer weiten Wasserfläche, vielfältiger Landschaft und atemberaubender Aussicht auf nahe gelegene Berge?**

Kein Wunder, dass die Bodenseeregion im Dreiländereck Deutschland, Schweiz und Österreich seit Jahrzehnten auf der Liste der deutschsprachigen Ferienregionen ganz oben zu finden ist. Ob Schlösser und Burgen, Tier- und Erlebnisparks, Klosterbauten und moderne Architektur, ökologische Landwirtschaft und faszinierende Flugtechnik: Der Bodensee packt große und kleine Reisende auch im Wiederholungsfall.

Dabei ist das Gebiet selbst gar nicht so eindeutig definiert und grenzt dazu noch an nicht weit entfernte Feriengebiete wie den Schwarzwald oder das Allgäu. Die nahe Vielfalt ermöglicht seit Jahrhunderten ein Miteinander der Kulturen, Bräuche und Dialekte der drei Länder, ohne deren Eigenheiten zu verwischen.

Der Blick auf die Landkarte unterstreicht anhand der weit verzweigten Form des Bodensees seine doch recht verschiedenen Teilgebiete. Den flächenmäßig größten Anteil hat der **Obersee,** dessen nördliche Fortsetzung Überlinger See genannt wird, während der südwestliche Zipfel, der **Untersee,** als Rhein seine Fortsetzung findet. Ein kleines Stück weiter westlich bildet der Fluss bei Schaffhausen den imposanten Rheinfall. Der nördliche Abschnitt des Untersees, jenseits der Halbinsel Höri, heißt Zeller See, der Teil hinter der Halbinsel Mettnau und der Reichenau Gnadensee.

Die wichtigste Stadt und heimliche Hauptstadt des Bodensees ist zweifelsohne **Konstanz.** In unmittelbarer Nähe befinden sich mit den Inseln Mainau und Reichenau zwei der wichtigsten Touristenziele.

## Daran gedacht?

**Einfach abhaken und entspannt abreisen**

- ☐ Tollwutimpfung für Haustiere (siehe Infos von A–Z)
- ☐ Reisepass / Personalausweis
- ☐ Flug / Bahntickets
- ☐ Führerschein
- ☐ EHIC-Karte
- ☐ Babysitter für Pflanzen und Tiere organisiert
- ☐ Zeitungsabo umleiten / abbestellen
- ☐ Postvertretung organisiert
- ☐ Hauptwasserhahn abdrehen
- ☐ Fenster zumachen
- ☐ Nicht den AB besprechen »Wir sind für zwei Wochen nicht da«
- ☐ Kreditkarte einstecken
- ☐ Medikamente einpacken
- ☐ Ladegeräte
- ☐ Adapter (siehe Infos von A–Z)

Das **Schweizer Seeufer** erstreckt sich von Kreuzlingen am Südufer des Obersees bis zur österreichischen Grenze hinter Rorschach. Im Hinterland liegt mit **St. Gallen** und dessen Stiftsbezirk ein weiteres Juwel unter dem Schutz der UNESCO, während Stadt und Kanton Appenzell sich als ein Stück Bilderbuchschweiz präsentieren.

Den flächenmäßig geringsten Anteil hat das **Österreichische Seeufer** mit der Hauptstadt Vorarlbergs: Bregenz ist durch seine Fest-

Die Pfahlbauten bei Unteruhldingen

spiele weltbekannt. Nur einen Katzensprung entfernt liegt das kleine **Fürstentum Liechtenstein** mit seiner Hauptstadt Vaduz.

An der zu Deutschland gehörenden Nordseite des Obersees bildet **Lindau** Bayerns Außenposten am Bodensee. Eine Reihe von Schlössern und Klöstern findet sich am Ufer und im unmittelbaren Hinterland. Die Industriestadt **Friedrichshafen** hat nicht nur den wichtigsten Flughafen der Region, sondern ist auch der Luftfahrt verbunden. Das nördliche Hinterland wird von den Städten Ravensburg und Weingarten dominiert.

Von der früheren Bedeutung des Bodensees zeugen am **Überlinger See** die historische Burg Meersburg und die Pfahlbauten bei Unteruhldingen, seit 2011 UNESCO-Weltkulturerbe. Auf die Stadt Bodman am Westende des Überlinger Sees geht übrigens der Name Bodensee zurück.

# Klima & Reisezeit

Die Winter sind nicht so kalt wie im nur wenig höheren bayrischen Alpenvorland, und im Sommer bleibt es kühler. Der Frühling reizt mit blühenden Wiesen und Obstbäumen, der Herbst mit der klareren Sicht.

Im Winter liegt die ganze Region bei stabiler Hochdruckwetterlage unter einer dicken Nebelschicht, über der es ab 700–1000 m bei klarer Fernsicht sonnig und relativ mild ist. Bei länger anhaltendem Frost friert der See von den flacheren Abschnitten her zu, sodass sich auf dem Gnadensee fast jeden Winter eine tragfähige Eisfläche bildet; auf dem Obersee nur bei einem Jahrhundertwinter. Im Sommer erreichen die Wassertemperaturen im Uferbereich dagegen Werte um 25 °C. Unterbrochen wird das sommerliche Schönwetter im Juli und August gelegentlich durch Gewitterperioden, die

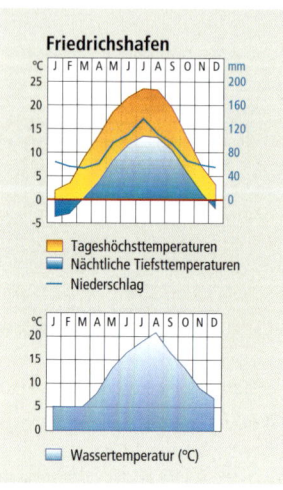

**Friedrichshafen**

- Tageshöchsttemperaturen
- Nächtliche Tiefsttemperaturen
- Niederschlag

Wassertemperatur (°C)

mit dem übrigen Regen dafür sorgen, dass ein Drittel des Jahresniederschlags im Sommer fällt. Die heftigeren Gewitter gibt es im oberschwäbischen Raum, während die schwarzen Wolken am Untersee oft vorbeiziehen. Auch die jährliche Niederschlagsmenge ist recht unterschiedlich verteilt: Vom Untersee bis Bregenz steigt sie von 700 mm auf 1500 mm an. Durch das Rheintal ist der östliche Bodensee auch vom Föhneffekt stärker betroffen, bei dem Warmluft aus Norditalien über den Alpenhauptkamm gelangt und als warmer, trockener Fallwind für glasklare Luft sorgt.

# Anreise

## Mit dem Flugzeug

Zwei Flughäfen liegen direkt in der Region: zunächst der internationale Bodensee-Airport Friedrichshafen, der neben innerdeutschen Verbindungen von Budget-Airlines auch für entfernt liegende Ziele wie Island oder Ägypten genutzt wird (www.fly-away.de), und der auf Schweizer Boden an der Grenze zu Österreich liegende regionale People's Business Airport in Altenrhein, der mit der People's Viennaline die Region täglich mit Wien und Köln sowie wöchentlich weiteren Destinationen verbindet (www.peoples.at).

## Mit der Bahn

In Singen halten die IC-Züge von Stuttgart über Schaffhausen nach Zürich. Konstanz ist vor allem mit dem InterRegio angebunden, nur gelegentlich durch direkte Fernzüge. Friedrichshafen und Lindau sind via Ulm an das ICE-Netz angeschlossen. St. Gallen liegt auf der IC-Strecke Richtung Zürich, während der EuroCity direkt von Bregenz nach Wien verkehrt.

## Mit dem Auto

Die deutschen Autobahnen A 81 aus Stuttgart und A 96 aus München enden bei Singen bzw. in Lindau. In Bregenz beginnt die Autobahn 14 Richtung Innsbruck, während Konstanz/Kreuzlingen und St. Gallen/Rorschach mit den Schweizer Autobahnen 7 bzw. 1 angebunden sind.

# Reisen in der Region

## Mit öffentlichen Verkehrsmitteln

Die Internationale Bodensee-Konferenz › **S. 35** gibt den grenzübergreifenden Euregio Bodensee-Fahrplan heraus, der den gesamten öffentlichen Verkehr mit Bahn und Bus sowie die Fähren Friedrichshafen–Romanshorn und Meersburg–Konstanz umfasst. Die **Euregio-Karte** schließt als grenzüberschreitende Tageskarte mehrere Verkehrsmittel für die gesamte Region ein. Sie ist für Einzelzonen und in Kombinationen erhältlich. Alle Informationen unter www.euregiokarte.com sowie an allen Bahnhöfen der Region.

Im Appenzellerland in der Schweiz fahren die roten Züge der **Appenzeller Bahnen** (www.appenzellerbahnen.ch) mit ihrem Netz zwischen St. Gallen und dem Alpstein und den beiden **Bergbahnen** Rorschach–Heiden und Rheineck–Walzenhausen, die das Appenzeller Vorderland vom Bodensee aus erschließen. Den Bodensee und den Vierwaldstättersee verbindet der **Voralpen-Express** (www.voralpen-express.ch) mit seiner attraktiven Route von Romanshorn über St. Gallen, Herisau und Rapperswil nach Luzern.

## Mit dem Auto

Die Uferstraßen sind oft überlastet, und am Wochenenden ist die Wartezeit nach der entscheidenden Lücke bei den öffentlichen Parkplätzen in Meersburg und Lindau recht hoch, sodass antizyklisch gefahren oder ein Teil der Reise mit den öffentlichen Verkehrsmitteln kombiniert werden sollte.

## Mit dem Schiff

Die Erlebnis-Flotte der Bodensee-Schiffsbetriebe (www.bsb.de oder vsu-online.info) verbindet die Orte der Bodenseeregion von Anfang April bis Mitte Oktober mit zahlreichen Motorschiffen sowie ganzjährig mit Fähren auf den Strecken Friedrichshafen–Romanshorn und Konstanz/Staad–Meersburg. Inhaber einer gültigen Euregio-Tageskarte erhalten auf den Kursschiffen der Bodenseeflotte 25 % Rabatt.

Mit den Katamaranen Constanze, Fridolin und Ferdinand legt man die Strecke von Konstanz nach Friedrichshafen im Sommer in nur 46 Minuten zurück (ausführliche Informationen unter www.der-kata maran.de).

Der Katamaran Fridolin ist auf der Route Konstanz–Friedrichshafen unterwegs

# Unterwegs mit Kindern

Als vielfältige Reiseregion ist der Bodensee vor allem auch für Familien sehr geeignet. Kinder erfreuen sich zunächst vor allem an dem riesigen Angebot an Bademöglichkeiten in praktisch jedem Ort, und die Vielzahl an Abenteuer- und Tierparks ermöglicht vergnügliche Ferien für die Kleinen. Interessante Einrichtungen wie das **Zeppelin-** oder **Dornier Museum** in Friedrichshafen › **S. 123**, das **Planetarium** in Kreuzlingen › **S. 83** oder das **Rolls-Royce-Museum** in Dornbirn › **S. 107** ziehen wiederum die Größeren an.

## Erlebnisparks

Viel Spaß bieten die Abenteuer- und Vergnügungsparks, die rund um den Bodensee zu finden sind.

- **AbenteuerPark Immenstaad** [E3]
  Die Besucher fühlen sich wie echte Bergsteiger beim Erklimmen von mehr als 160 Bäumen, die mit 7000 m Stahlseil verbunden sind und somit einen der größten Natur-Hochseilgärten Europas bilden. Unterschiedliche Öffnungszeiten; Nov.–März geschl.
  Am Klötzenen Forst
  D-88090 Immenstaad
  Tel. 0 75 45/94 94 62
  www.abenteuerpark.com

- **Ravensburger Spieleland** [G3]
  Der bekannte Hersteller von Puzzles, Spielen und Büchern bezeichnet seinen 4500 m² großen Freizeitpark gern als »größtes Spielzimmer der Welt«. April–Juli, Mitte Sept.– Okt. tgl. 10 bis 18, Aug.–Mitte Sept. bis 19 Uhr.
  Am Hangenwald 1
  D-88074 Meckenbeuren-Liebenau
  Tel. 0 75 42/4 00-0
  www.spieleland.de

- **Conny-Land Lipperswil** [D4]
  Die Hauptattraktion des Schweizer Freizeitparks zwischen Kreuzlingen und Frauenfeld ist Europas schönste Open-Air-Delfinlagune inmitten von Palmen und Sandstränden. April–Okt. tgl. 10–18 Uhr.

Connylandstr. | CH-8564 Lipperswil
Tel. 052 762 72 72
www.connyland.ch

## Lebendige Tierwelten

Die unterschiedlichsten Tierparks
rund um den Bodensee ermög-
lichen nahen Kontakt und garantiert viel Spaß.

In Konstanz wurde die Unterwasserwelt des **Sea Life** › S. 58 mit
mehr als 660 000 Litern Wasser in
über 40 Becken wie der Verlauf des
Rheins von den Alpengletschern bis
nach Rotterdam nachgebildet. Eine
der Attraktionen sind zehn Eselspinguine in einer 120 m² großen
antarktischen Anlage.

- **Affenberg Salem** [E2]
  Das mit 20 ha Waldfläche größte
  Affengehege Deutschlands, etwa
  5 km von Salem entfernt, umfasst
  neben Damwild und Störchen v. a.
  200 Berberaffen, deren Umgebung
  ihrer Heimat in Nordafrika nachgebildet wurde. Mitte März–Okt. tgl.
  9–18 Uhr.
  Mendlishauser Hof 1
  D-88682 Salem
  Tel. 0 75 53/3 81
  www.affenberg-salem.de

- **Wild- und Freizeitpark
  Allensbach** [D3]
  Der lehrreiche Park mit 300 Tieren
  ist ein weitläufiges Naturparadies mit
  Freigehegen, Streichelzoo, Rutschen,
  einer Wildbahn und einem Kettcar-
  Parcours. März–Sept. tgl. 9–17, Okt.
  bis März ab 10 Uhr.
  Gemeinmärk 7
  D-78476 Allensbach
  Tel. 0 75 33/93 16 19
  www.wildundfreizeitpark.de

- **Abenteuerland Walter Zoo** [E5]
  Der 10 km westlich von St. Gallen
  gelegene Zoo lockt mit mehr als
  100 Tierarten sowie Abenteuerspiel-
  plätzen, Kamelreiten, Märchenwelt im
  Zirkuszelt und Übernachtungsmöglichkeiten direkt im Zoo in einem Tipi.
  März–Okt. tgl. 9–18.30, Nov.–Feb. bis
  17.30 Uhr.
  Neuchlen 200
  CH-9200 Gossau
  Tel. 071 387 50 50
  www.walterzoo.ch

## Ritterspaß auf der Meersburg

Die Besichtigung von Burgen soll
für Kinder langweilig sein? Nicht so
in der **Burg Meersburg** › S. 136, wo
sich die Kleinen wie Ritter verklei-
den können. Im Rittershop gibt es
bunte Ritterkostüme, Dekorations-
waffen, Kinderholzschwerter und
Schilde sowie Literatur über die Rit-
terzeit zu kaufen (März–Okt. tgl.
9–18.30, sonst 10–18 Uhr www.
burg-meersburg.de).

Wie ein Flugzeughangar: Dornier Museum

# Sport & Aktivitäten

Die Bodenseeregion ist ein Paradies für sportliche Urlauber. Die Kataloge der Fremdenverkehrsverbände enthalten eine Fülle von organisierten Ferienaktivitäten. Deshalb soll hier nur auf einige Angebote für die beliebtesten Sportarten hingewiesen werden.

## Wassersport

Auf dem Bodensee ist fast jede Art von Wassersport möglich, sogar Tauchen oder Wasserski. Ohne ein entsprechendes Patent dürfen allerdings nur Segelboote mit bis zu 12 m² Segelfläche und Motorboote mit bis zu 6 PS Leistung geführt werden. Die Sturmwarnungen für Wassersportler sollten auch badende Landratten dringendst beachten: 40 orangefarbige Blinklichter pro Minute bedeuten Vorwarnung, 90 pro Minute akute Sturmgefahr. **50 Dinge** (45) › S. 17.

Etwa 40 Schulen rund um den See bieten **Segel-Lehrgänge** an. Für **Kanu- und Kajaktouren** ist das La Canoa KanuZentrum in Konstanz eine ideale Anlaufstelle. **50 Dinge** (8) › S. 13. Weitere Informationen und Adressen rund um den Wassersport findet man im Internet unter www.bodensee-wassersport.com.

**Segelschule – Yachtcharter – Überlingen Raschewski** [D2]
• Bahnhofstr. 35
  D-88662 Überlingen
  Tel. 0 75 51/32 18
  www.segelschule-ueberlingen.de

**La Canoa KanuZentrum** [D3]
• Robert-Bosch-Str. 4
  D-78467 Konstanz

Tel. 0 75 31/95 95 95
www.lacanoa.com

## Wintersport

Die Bodenseeregion ist in erster Linie natürlich ein Sommerreiseziel. Aber auch wer im Winter hier ist, kann sich in der Natur und an der frischen Luft sportlich betätigen. Der See selbst bietet sich in sehr kalten Wintern als riesiges Schlittschuhgelände an. In den höheren Gebieten der Umgebung sind – bei entsprechender Schneelage – Loipen gespurt. Aktuelle Informationen über Lagen und Zustand der Loipen erteilt die Internationale Bodensee-Tourismus GmbH und die regionalen Verbände › S. 153.

## Radfahren

Das Bodenseegebiet ist eine der am besten für Radfahrer erschlossenen Landschaften in den deutschsprachigen Ländern. Besonders populär ist der 273 km lange und gut beschilderte Bodensee-Radweg im Uhrzeigersinn rund um den See, der wohl bekannteste Radweg Mitteleuropas. **50 Dinge** (1) › S. 12. Die meisten Strecken sind in der Hochsaison inzwischen gut befahren, zeitweise herrscht stockender Kolonnenverkehr. Wer dem entgehen möchte, fährt ins Hinterland, wo es

Der Bodensee mit seiner reizvollen Kulisse ist ein wunderbares Segelrevier

allerdings schon recht bergig wird. Fahrräder (in der Schweiz »Velo« genannt) können an verschiedenen Bahnhöfen gemietet werden.

Der Kanton Thurgau hat das bestbeschilderte Radwegenetz mit thematischen Velotouren wie Wein-Route oder Römer-Route ergänzt, die in der Broschüre »Veloland Thurgau« vorgestellt werden (www. thurgau-bodensee.ch). Thematisch markierte Touren sind auch im Hegau zu finden wie beispielsweise »Auf Goethes Spuren« von Engen nach Schaffhausen.

Alle wichtigen Radstrecken in den Seegebieten Baden-Württembergs bzw. des Thurgau in der Schweiz sind auf der »Radwanderkarte Bodensee« (1:100 000) bzw. der »Velokarte Bodensee-Thurgau« (1:60 000) verzeichnet. Gute Infos und Tipps für Urlaube mit dem Fahrrad sind im Internet insbesondere auf der Webseite www.bodensee-radweg.com zu finden.

## Wandern

Die Bodensee-Region lässt sich wunderbar erwandern, auch wenn spektakuläre Sehenswürdigkeiten fehlen und eher der Gesamteindruck der ruhigen Landschaft den Ausschlag gibt. Eine Vielzahl gut ausgeschilderter Wanderwege führt in jeder Region in Halb- oder Ganztagesetappen zu besonderen Aussichtspunkten oder einfach von Ort zu Ort. Interessant sind thematische Wege wie zum Beispiel der Witzweg › S. 92. Unterwegs erlauben dann zahlreiche Strandbäder und Ausflugslokale eine wohlverdiente Pause. Nur selten sind Anstiege von 300 Höhenmetern notwendig, da die meisten Wanderwege im sanften Hügelland liegen.

Tipps für schöne Wanderrouten mit kleinen Kindern – auch im Kinderwagen – finden sich z. B. bei **»Kinderwagen Wanderungen – Westlicher Bodensee«** aus dem Wandaverlag (www.wandaverlag.com).

### Ballon- und Zeppelinfahrten

Flüge mit dem Heißluftballon werden an verschiedenen Orten in Oberschwaben und im Thurgau angeboten. Informationen erteilen die Anbieter und Tourismusorganisationen (z. B. www.ballonfahrten-bodensee.de, www.bodensee-balloener.de und www.thurgau-bodensee.ch).

Rundflüge mit dem in Friedrichshafen gebauten Zeppelin NT können über die Tourist-Information in Friedrichshafen › S. 123 oder unter www.zeppelinflug.de gebucht werden. **50 Dinge** ㉑ › S. 14.

### Aktivitäten für Umwelt- und Naturschutz

Mehrere Umwelt- und Naturschutzzentren bieten im Sommer Exkursionen, geführte Wanderungen sowie Arbeitseinsätze an. Infos dazu sind bei den Fremdenverkehrsverbänden und bei der Bodensee-Stiftung erhältlich.

**Bodensee-Stiftung** [C2–C3]
• Fritz-Reichle-Ring 4
  D-78315 Radolfzell
  Tel. 0 77 32/99 95-40
  www.bodensee-stiftung.org

# Unterkunft

In der Bodenseeregion steigen die Übernachtungspreise von Hotels und Gasthöfen mit zunehmender Nähe zum See. Insgesamt ist das Preisniveau in der Schweiz deutlich höher als in Deutschland und Österreich.

### Hotels

Viele Hotels am Seeufer haben sich auf Geschäftsreisende spezialisiert, während das Angebot an einfacheren Unterkünften immer weiter zurückgeht. Preiswerte Quartiere sind deshalb vor allem in der Hauptsaison eher in den Dörfern und Kleinstädten des Umlands zu finden, also ab etwa 10 km Entfernung vom Bodensee.

Wegen der Zugehörigkeit der Bodenseeregion zu drei Ländern bzw. Bundesländern (Kantonen) ist das Angebot an Übernachtungsmöglichkeiten trotz Klassifizierung in ein bis fünf Sterne schwer zu vergleichen. In einer so geschichtsträchtigen Region wie am Bodensee entstanden viele Hotels in alten Fachwerkhäusern und Villen, manche sogar in jahrhundertealten

Das Steigenberger Inselhotel in Konstanz

Schlössern. Aber auch der moderne Stil wird inzwischen immer besser bedient.

## Jugendherbergen

In allen drei Ländern stehen außer den konventionellen Jugendherbergen (www.jugendherberge.de, www.youthhostel.ch, www.jungehotels.at) weitere Möglichkeiten für jüngere und weniger verwöhnte Touristen zur Verfügung, um naturnah und preiswert unterzukommen: Matratzenlager gibt es nicht nur in höher gelegenen Berghütten und Berggasthäusern, sondern gleichfalls in Landgasthöfen in den Vorbergen und in einzelnen Strandbädern, in der Schweiz unter der Bezeichnung Massenlager oder Touristenlager.

## Bauernhöfe und Naturfreunde-Häuser

Urlaub auf dem Bauernhof offerieren alle drei Bodenseeländer. Ein neueres Angebot sind die besonders bei Fahrradtouristen beliebten »Heuhotels«. In der Schweiz ist dieses recht rustikale Angebot am einheitlichen Schild »Schlaf im Stroh/Aventure sur la paille« zu erkennen (www.schlaf-im-stroh.ch).

Die Naturfreunde-Häuser haben sich dem sanften Tourismus verschrieben. Einige liegen auf seenahen Bergen, andere wiederum direkt am Ufer (www.naturfreunde-haeuser.net).

## Campingplätze

Die meisten Campingplätze finden sich direkt am See und viele besitzen einen eigenen Badestrand. Von den Campingplätzen der Region ist ein großer Teil durch das EU-geförderte Umwelt-Label »Ecocamping« zertifiziert und erfüllt von daher hohe Umweltstandards (www.ecocamping.net).

! Erstklassig

### Charmant übernachten

• Im Steigenberger **Inselhotel** in Konstanz, dem einstigen Dominikanerkloster, wurde Ferdinand Graf von Zeppelin geboren. › S. 60
• Das ehemalige Kloster der **Kartause Ittingen** beherbergt einen Gutsbetrieb, zwei Hotels und das Kunstmuseum des Kantons Thurgau. › S. 75
• **Schloss Wartegg** in Rorschacherberg bewohnte einst Österreichs Kaiserin Zita, heute zählt das Hotel zu den »Swiss Historic Hotels«. › S. 87
• Die romantische **Drachenburg** im winzigen Dorf Gottlieben ist ein ideales Versteck unweit von Konstanz › S. 77
• Eines der wenigen klassischen Grandhotels am Bodensee ist das **Hotel Bad Schachen** in Lindau. › S. 117
• Nicht nur für Kinder ist das **Teddybärenhotel Peterhof** in Kressbronn ein Erlebnis. › S. 119
• Ruhe und Entspannng vermittelt das **Landhotel Fischerhaus** bei Uhldingen in der eigenen abgeschirmten Parkanlage. › S. 138

Am Schlossplatz in Meersburg

# LAND & LEUTE

# Steckbrief

- **Fläche:** 536 km²
- **Seeflächen:** Obersee 473 km², Untersee 63 km²
- **Anteile:** Deutschland ca. 55 %, Schweiz ca. 34 %, Österreich ca. 11 %
- **Ausdehnung:** max. Länge 69 km (zwischen Bregenz und Stein am Rhein), max. Breite 15 km (zwischen Kressbronn und Rorschach), Uferlänge 275 km
- **Weitere Angaben:** Wasserspiegel 395 m ü. NN bei mittlerem Wasserstand, Tiefe bis zu 254 m, Wasservolumen: ca. 55 Mrd. m³
- **Größte Städte am Seeufer:** Konstanz (81 700 Einw.), Friedrichshafen (58 400 Einw.), Bregenz (29 200 Einw.), Lindau (24 700 Einw.)
- **Größere Zuflüsse:** Alpenrhein, Bregenzer Ache, Argen, Schussen

- **Größte Inseln:** Reichenau, Mainau, Lindau
- **Währungen:** Euro, Schweizer Franken
- **Landesvorwahl:** 0049 (Deutschland), 0041 (Schweiz), 0043 (Österreich), 00423 (Liechtenstein)
- **Zeitzone:** MEZ

## Lage und Landschaft

Die Bodenseeregion liegt, aufgeteilt zwischen Deutschland, der Schweiz und Österreich, zwischen den Alpen und der Schwäbischen Alb. Im Süden geht sie ins schweizerische Mittelland über, im Osten ins bayerische bzw. Vorarlberger Alpenvorland. Die Region um den Bodensee hat ansonsten weder natürliche noch offizielle politische Grenzen, ist deshalb geografisch nicht eindeutig zu definieren. Die Übergänge zu den Regionen Oberschwaben und Allgäu sind fließend. Auch die politischen Institutionen haben sich noch nicht auf eine gemeinsame Definition geeinigt.

Ganz pragmatisch könnte man die Region durch den Bereich definieren, der vom Ufer aus mit dem Rad in einem gemütlichen Tagesausflug »erfahren« werden kann, also etwa 30 km ins Hinterland. Die in diesem Reiseführer beschriebene Urlaubsregion erstreckt sich von Schaffhausen, Singen und Stockach im Westen bis Bregenz und Dornbirn im Osten, von St. Gallen und Appenzell im Süden bis Ravensburg und Weingarten im Norden.

Der Bodensee und seine natürlichen Landschaften mit Höhen zwischen 400 und 800 m sind erst während der letzten Eiszeit entstanden: Der große Rheingletscher hat nicht nur das Loch des Bodensees ausgeschürft, sondern auch die kleinräumigen Landschaften mit den länglichen Hügeln auf dem Bodanrück geformt – und schließlich das abgetragene Geröll in lang gezogenen Moränen abgelagert, die sich in drei Linien bis zur äußeren Jung-Endmoräne (Schaffhausen–Aulendorf) erstrecken.

## Politik

Die gesamte Bodenseeregion zählt je nach Abgrenzung ca. 2–2,5 Mio. Einwohner. Die politische Einteilung erfolgt entsprechend der drei Staaten in die Bundesländer Baden-Württemberg und Bayern, das österreichische Bundesland Vorarlberg sowie die schweizerischen Kantone Appenzell (Inner- und Ausserrhoden), Schaffhausen, St. Gallen und Thurgau.

Die öffentlichen Institutionen haben es längst verstanden, sich paneuropäisch zu organisieren, um die gemeinsamen Probleme der Region zu lösen. Durch die Zusammenarbeit auf allen Seiten konnte die Wasserqualität nachhaltig verbessert und ein drohendes Umkippen des Sees verhindert werden. 1972 entstand die Internationale Bodensee-Konferenz (IBK) unter Mithilfe der Regierungen auf der Ebene Bundesland bzw. Kanton, in deren Folge die »Euregio Bodensee« mit einem grenzüberschreitend abgestimmten Verkehrsnetz und viele kulturelle, sportliche und wirtschaftliche Aktivitäten ins Leben gerufen wurden. Erst im Jahr 2009 gründeten 25 Stadtväter den Internationalen Bodensee-Städtebund zur Bewältigung gemeinsamer Kommunalaufgaben.

## Wirtschaft

Die Bodenseeregion lebt nicht nur von Tourismus, Obst- und Weinbau, sondern ist auch eine produktive Industrie- und Dienstleistungsregion. Viele international aktive Firmen aus diversen Branchen sind am Bodensee ansässig, wie etwa die Industriebetriebe Dornier und EADS, die Modelabels Strellson und Wolford, Unternehmen aus der Pharmaindustrie und Umwelttechnik sowie weltbekannte Marken wie Maggi und Ravensburger.

Die EU unterstützt die Region mit Fördergeldern für überregionale Projekte. Mehrere Forschungseinrichtungen, Universitäten und Hochschulen sorgen für den Dialog mit der Wissenschaft. Marktforschungsinstitute bescheinigen der Bodenseeregion eine Zukunft als florierender »Hot Spot« in Europa.

Auf dem Obsthof Steffelin in Markdorf

# Geschichte im Überblick

**3000–800 v. Chr.** Pfahlbausiedlungen (erste nachgewiesene Siedler).

**Um 800 v. Chr.** Die Kelten der La-Tène-Kultur wandern ein.

**Um 50 v. Chr.** Die Herrschaft der Römer beginnt mit befestigten Siedlungen (z. B. Bregenz, Pfyn, Stein am Rhein).

**Im 3. Jh.** Germanische Alemannen durchbrechen zum ersten Mal den römischen Limes und siedeln sich im westlichen Bodenseeraum an.

**Ab 610** Iro-schottische Wandermönche gründen Klöster am Bodensee und christianisieren die alemannische Bevölkerung.

**746** Der Bodenseeraum mit dem alemannischen Herzogtum kommt für etwa 200 Jahre unter die Kontrolle der Karolinger, die u. a. die Pfalz Bodema gründen, aus der sich der Name Bodensee ableitet.

**1312** Zwischen den Städten Konstanz, St. Gallen und Schaffhausen wird der erste Schwäbische Städtebund gegründet, weitere Zusammenschlüsse folgen.

**1499** Frieden von Basel: Die heute noch bestehende Grenze zwischen der Schweiz und Deutschland wird festgelegt.

**1521** In Konstanz als erster Stadt wird die Reformation eingeführt. Bald folgen weitere Städte.

**1525** Die Bauern im Hegau und in Oberschwaben erheben sich gegen die geistlichen und weltlichen Mächte und werden 1526 von Georg III. von Waldburg brutal niedergeschlagen.

**Im 17. Jh.** Pest und Dreißigjähriger Krieg bringen Armut und Verwüstungen. Trotzdem beginnen Kirchen und Klöster kostspielige Bauprojekte, die den Barock als Ausdruck großer Prosperität erscheinen lassen.

**1805** Beim Pressburger Frieden wird das deutsche Bodenseegebiet unter Baden, Württemberg und Bayern aufgeteilt. Die katholische Kirche löst 1821/27 das Bistum Konstanz auf.

**Ab 1850** Die deutschen Bodenseestädte werden an das Eisenbahnnetz angeschlossen, 1879 wird die Eisenbahnfähre Friedrichshafen–Romanshorn eingerichtet.

**Ab 1902** Mit dem Internationalen Bodensee-Verkehrsverein wird Tourismuswerbung gemacht.

**1933–1945** Der Bodensee ist einer der wenigen Fluchtwege für politisch Verfolgte und Juden, die allerdings von der Schweiz nicht immer freundlich aufgenommen werden.

**1959** Die Internationale Gewässerschutzkommission für den Bodensee wird gegründet, die sich des wichtigsten und die ganze Region verbindenden Problems annimmt.

**1963** Im Februar/März ist der Bodensee zum (vorläufig) letzten Mal vollständig zugefroren.

**1972** Die Internationale Bodensee-Konferenz (Regierungschefs der an den Bodensee angrenzenden Länder und Kantone) tritt am 14. Januar zum ersten Mal in Konstanz zusammen.

**1999** Jahrhunderthochwasser.
**2001** Mit dem neuen »Zeppelin NT« fährt wieder regelmäßig ein Luftschiff über dem Bodensee.
**2006** Der Bodenseepegel fällt auf den niedrigsten Stand seit fast 150 Jahren: 2,29 m.
**2009** Gegen die Wirtschaftskrise schnürt Konstanz ein Konjunktur- paket aus eigenen sowie Bundes- mitteln.
**2011** Die UNESCO nimmt 111 prä- historische Pfahlbauten ins Welt- kulturerbe auf.
**2014–2018** Konstanz feiert das 600-jährige Konziljubiläum. Jedes Jahr steht unter einem neuen Mot- to (www.konstanzer-konzil.de).

# Natur & Umwelt

## Besiedelung

In Ufernähe wirkt die Landschaft des Bodensees sehr zersiedelt; die Bevöl- kerungsdichte erreicht hier Werte wie in manchem großem Ballungsgebiet. Zwar gibt es keine Stadt mit mehr als 100 000 Einwohnern, doch lassen sich vier Ballungsgebiete ausmachen, die jeweils fast eine Großstadt ergeben: die Agglomeration Konstanz mit Kreuzlingen (ca. 130 000 Einw.), St. Gallen (75 500 Einw.), Ravensburg/Weingarten (mit Vororten ca. 80 000 Einw.) und das österreichische Städtetrio Bregenz-Dornbirn-Lustenau (zusammen etwa 100 000 Einw.). Die touristisch bedeutendsten Städte wie Lindau oder Meersburg sind hinsichtlich der Einwohnerzahl dagegen eher klein.

## Naturräume

Wegen dieser dichten Besiedelung und der schon lange intensiven land- wirtschaftlichen Nutzung gibt es kaum Naturlandschaften, die noch kei- ne menschlichen Eingriffe erlebt haben. In den weitgehend unter Natur- oder Landschaftsschutz ge- stellten Ried- und Moorlandschaf- ten am Seeufer und in Flussniede- rungen überleben seltene Pflanzen und finden Zugvögel ungestörte Stützpunkte. Auch die letzten un- verbauten Seeuferbereiche sind ge- schützt, nachdem die offenen Ufer- partien durch Hafenanlagen und andere Einrichtungen auf einen Bruchteil der noch vor 100 Jahren erhaltenen Länge reduziert worden waren.

Naturbelassenes Seeufer bei Immenstaad

## Die schönsten Aussichts-punkte

........................................

- Vom **Purren** (508 m) **[D3]** in Konstanz-Litzelstetten überblickt man die Mainau, den Überlinger See und Obersee. (Ab Konstanz Bahnhof mit der Buslinie 4 nach Dettingen, Haltestelle Purren.)
- Der **Fünfländerblick** (899 m) oberhalb von Rorschach gibt den Blick auf die fünf historischen Länder Vorarlberg, Bayern, Baden, Württemberg und die Schweiz frei. › **S. 93**
- Ein überwältigendes Alpenpanorama zeigt die Aussichtsplattform vom **Berggasthaus Säntis** (2485 m) auf dem gleichnamigen Berg. › **S. 95**
- Vom Bregenzer Hausberg **Pfänder** (1064 m) reicht die Sicht über Alpengipfel, Bodensee, Ostalpen und Allgäu bis zu den Ausläufern von Schwarzwald und Schwäbischer Alb. › **S. 106**
- Einer der neueren Türme ist der 22 m hohe **Moleturm** im Hafen von Friedrichshafen. › **S. 122**
- Der **Dagobertsturm** in der Alten Burg eröffnet seinen Besuchern den direkten Blick auf das mittelalterliche Meersburg und den Obersee. › **S. 136**
- Das **Höhengasthaus Halden-hof** (670 m) oberhalb von Sipplingen zwischen Ludwigshafen und Überlingen zählt sicher zu den besten Aussichtspunkten am Bodensee. › **S. 144**

## Umweltprobleme

Der sich in den 1950er-Jahren sichtlich verschlechternde Zustand des Bodensees lieferte den Grund, sich in grenzüberschreitender Zusammenarbeit um die Umweltprobleme zu kümmern. Der zu diesem Zweck im Jahr 1959 gegründeten Internationalen Gewässerschutzkommission für den Bodensee folgten weitere Initiativen, etwas das Bodenseeprojekt der Deutschen Umwelthilfe.

Die andere große Bedrohung der Landschaft geht von den Straßenbauprojekten aus, von denen nur die schlimmsten, etwa die Autobahn von Stockach quer durch das Hinterland bis Kempten, verhindert werden konnten. Die Verkehrsprobleme und Staus, die mit den neu gebauten Straßen gelöst werden sollen, sind in erster Linie durch den Berufs- und Freizeitverkehr der Einheimischen hausgemacht, werden aber durch den Tourismus und den zunehmenden geförderten Warentransitverkehr verschärft.

## Kulturland

Die typische Bodenseelandschaft, wie sie viele Besucher so schätzen, ist indes nicht die »reine Natur«, sondern das in jahrhundertelanger Arbeit kultivierte Land. Mit ihren Landschaftsformen und vielfältigen Nutzungen bietet sie ein abwechslungsreiches Bild, das hier noch weniger als in anderen Regionen durch großflächige Monokulturen zerstört wurde. Neben den großen Obstplantagen sind immer noch weite Landstriche durch die traditionellen Streuobstwiesen charakterisiert.

Sonnenuntergang über dem Bodensee, gesehen vom Pfänder

### Alemannisch in vielen Spielarten

Die Bodenseeregion rühmt sich, das einzige Dreiländereck Europas zu sein, in dem durchweg Deutsch gesprochen wird – wären da nicht die unterschiedlichen Dialekte. Für Besucher aus den mittleren oder nördlichen Regionen Deutschlands bleiben Worte wie »Kabis« (Kohl) oder »Bülle« (Zwiebel), die sie auf den Märkten der Region zu hören bekommen, ebenso unverständlich wie das »Händsinoware- debi?« (»Haben Sie noch Waren dabei?«), mit dem Schweizer Zöllner die Einrei- senden trotz Schengenbeitritt nach anmeldepflichtigen Waren zu fragen pflegen.

Für die Einheimischen rund um den See ist die Sprache eines der wichtigsten Bindeglieder. Die Grenze zwischen den schwäbischen und den alemannischen Dialekten hat sich im Lauf des 20. Jhs. vom Bereich Ravensburg an den Obersee verlagert. Das Gebiet des Alemannischen erstreckt sich vom Westallgäu bis etwa Baden-Baden im Norden, zu den Vogesen im Westen und dem Berner Oberland im Südwesten. Die Mundart der westlichen Bodenseeregion bezeichnet man als »Seealemannisch«.

Wer durch die Bodenseeregion reist, merkt aber schnell, dass die Einheimischen selbst nicht überall gleich »schwätzen«. Das südliche Seeufer hat sich durch jahr- hundertelange Zugehörigkeit zur Schweiz sprachlich etwas abgesetzt, und auch die anderen Gegenden haben sich durch die Wanderungsbewegungen – etwa zwischen Konstanz und dem restlichen Baden oder zwischen Lindau und Mün- chen – auseinanderentwickelt. Außerdem hat jede der Landschaften rund um den See ihre eigene Mundart.

# Kunst & Kultur

Die stein- und bronzezeitlichen Pfahlbausiedler waren die ersten, die die Landschaft um den Bodensee im Sinn der Agrikultur kultivierten. Von einer Kultur im heutigen Sinn kann man aber erst seit der Besetzung und Kolonisierung durch die Römer sprechen, auch wenn von ihnen nur wenige kulturelle Werke erhalten und überliefert sind.

## Mittelalter

Die mittelalterliche Kulturlandschaft im Bodenseeraum wurde in einem doppelten Sinn von den Klöstern geschaffen: Sie waren einerseits die einzigen Stätten der Bildung, der Wissenschaft und der Kunst. Andererseits haben sie auch durch ihre Bautätigkeit und landwirtschaftliche Kultivierung aus der klimatisch begünstigten Region jene fruchtbare Landschaft gemacht, als die sie heute bekannt ist.

Die zahlreichen Klöster in der Region wurden allerdings weder zur gleichen Zeit gegründet, noch erlebten sie gleichzeitig ihre geistig-kulturelle Blüte. In den allermeisten Klöstern wurden die Ordensregeln nur für kurze Zeit so befolgt, dass tatsächlich bedeutende kulturelle Werte entstehen konnten. Der Niedergang eines bis dahin reichen und etablierten Ordens bereitete immer wieder den Boden für neue, strengere Reformorden, wodurch dann wieder ein anderes Kloster zum geistigen Zentrum der Region aufstieg. So folgten auf die Benediktiner (Reichenau, St. Gallen, Weingarten) die Zisterzienser (Salem), auf diese die Franziskaner (Konstanz, Lindau) und schließlich die Kartäuser (Ittingen).

Miniatur aus dem Perikopenbuch Heinrich II., 1007–1012 (Bayerische Staatsbibliothek München)

Das späte Mittelalter war dann die Zeit der städtischen Kultur, die uns die gotischen Bürgerkirchen (z. B. Überlingen), aber auch die ersten großen Steinhäuser der Zünfte, Händler und wohlhabenden Handwerker hinterließ. Diese Zeit war zudem die zweite große Epoche der Wandmalerei (Haus zur Kunkel in Konstanz, Kirchen in Eriskirch und andere) und hat bedeutende Werke im Bereich der plastischen Kunst hervorgebracht.

In der Blütezeit der Klosterkultur wurden, mit der Insel Reichenau als Zentrum, vor allem in der Wand- und Buchmalerei große Kunstwerke geschaffen, von denen leider im Vergleich zum Barock nur noch ein kleiner Teil erhalten ist. Einige der heute so kahl wirkenden romanischen Kirchen waren zwar nicht mit Wandmalereien, wohl aber mit großen Wandteppichen ausgeschmückt (beispielsweise das Münster Mittelzell), die eben weniger dauerhaft sind.

## Neuzeit

Als die Kirche von Glaubenskämpfen zerrissen war, wurden kaum noch neue Gotteshäuser gebaut. Schöne Beispiele des damals aufgekommenen Renaissancestils sind dagegen das Schloss von Heiligenberg und das Konstanzer Rathaus. Obwohl das 17./18. Jh. in den meisten Städten der Region eine Zeit des Niedergangs und der Armut war, leisteten sich Fürsten, Klöster und die in Meersburg residierenden Konstanzer Bischöfe zahlreiche Paläste, die den Ruf der Region als Paradies des Barock begründet haben.

Nachdem der barocke Stil zunächst von den Italienern eingeführt worden war, kamen in Folge die bedeutendsten Baumeister und Künstler aus Vorarlberg, wie die Familien Feuchtmayer und Thumb. Von den einheimischen Künstlern hat Johann Caspar Bagnato rund um den See große Schlossbauten hinterlassen.

Die Industrialisierung ab Mitte des 19. Jhs. und der Reichtum, den sie dem Bürgertum brachte, führten in der ganzen Region wieder zu einer regen Bautätigkeit bei Fabriken, Bahnhöfen und repräsentativen Wohnhäusern, die alle dem Zeitgeschmack entsprechend mit historisierenden Verzierungen versehen wurden. In den größeren Städten gibt es aus der Zeit nach der Jahrhundertwende schöne Jugendstilhäuser zu entdecken, auf die viel zu selten hingewiesen wird.

## 20./21. Jahrhundert

Die klassische Moderne in der Architektur – im Sinne einer schnörkellosen, durch klare Linien strukturierten Bauweise – ist in der Bodenseeregion kaum durch Bürohäuser vertreten, wie man sie sonst in Großstädten findet. Ein herausragendes Beispiel für diese Form der Architektur ist jedoch der einstige Hafenbahnhof in Friedrichshafen, der mit dem Zeppelin-Museum einen angemessenen Ersatz für seine frühere Funktion gefunden hat.

Für die Architektur und Kunst der fortschrittsgläubigen 1960er-Jahre stehen die Hochschulbauten in St. Gallen und Konstanz. Sehenswerte Beispiele neuerer Architektur gibt es vor allem in Vorarlberg, aber auch in Konstanz und in anderen Städten.

Das Zentrum der neueren Baukunst ist eindeutig Vorarlberg, wo in den 1970ern unter Einsatz des einheimischen Rohstoffs Holz in Kombination mit viel Glas eine zeitgemäße Formensprache entwickelt wurde. Waren es

Meister der skurrilen Skulptur: die »Magische Säule« von Peter Lenk
auf der Meersburger Hafenmole

zunächst nur einzelne Baumeister, so formierten sich Anfang der 1980er-Jahre die »Vorarlberger Baukünstler« als Gegenstück zur traditionellen Architektenkammer.

Aber auch im übrigen Bodenseeraum sind seit den 1980ern und den frühen 1990ern originelle, progressive Bauten für öffentliche und private Zwecke entstanden, wobei der konstruktivistische Stahl-Glas-Stil dominiert. Aushängeschild der zeitgenössischen Architektur ist das Bregenzer Kunsthaus des Schweizer Architekten **Peter Zumthor** › S. 103.

Kunst im öffentlichen Raum ist häufig ein Anlass zu kontroversen Diskussionen. Ein provokativer Vertreter im Bodenseeraum ist **Peter Lenk,** der Kunst bewusst nicht für eine kleine elitäre Szene macht, sondern für die Öffentlichkeit, und der daher auch nicht in Kunstgalerien Berücksichtigung findet. Von seinen Werken in Meersburg (»Magische Säule«), Ravensburg

(»Kindermarkt«), Überlingen (»Bodenseereiter«, »Napoleondenkmal«), Singen (»Paradiesbaum«) und Konstanz (»Triumphbogen« und »Imperia«) zählt die »Karriereleiter« in Konstanz-Weiherhof zu seinen kritischsten: Es zeigt das gnadenlose Treten eines jung-dynamischen leitenden Angestellten auf einen weiter unten Kletternden. Das 2009 an der Rathauswand von Ludwigshafen enthüllte Relief-Triptychon »Ludwigs Erbe« sowie die 2013 in Radolfzell installierte Skulptur »Kampf um Europa« sind beißende Gesellschaftssatiren. Eine Übersicht über alle seine im Bodenseeraum (und anderswo) aufgestellten Werke gibt es auf www.peter-lenk.de.

# Feste & Veranstaltungen

*Die Veranstaltungskalender der Fremdenverkehrsverbände und die einschlägigen Beilagen der Tageszeitungen umfassen inzwischen Hunderte von Festen und Festivals.*

Das Angebot reicht von den oft jahrhundertealten Kirchweih- und Dorffesten über hochkarätige Konzertreihen bis zu mit wenigen Mitteln und großem Idealismus organisierten Kleinkunstfestivals. Oft ist nicht mehr erkennbar, ob ein Fest sich auf eine Tradition stützt oder neu eingeführt wurde, um den Fremdenverkehr anzukurbeln. Hier ein paar ausgewählte Empfehlungen:

## Festkalender

**Februar:** Alemannische Fasnet in den meisten Orten der drei Länder rund um den Bodensee in verschiedenen lokalen Ausprägungen › **Special S. 46.**

**März: Ermatinger Groppenfasnacht** Die späteste Fasnacht der Welt wird alle drei Jahre (2019, 2022 usw.) drei Wochen vor Ostern mit einem großen Umzug begangen › **S. 76.**

**April: Markusfest** auf Reichenau (25.4.): Trachtenprozessionen und Auftritte der schön herausgeputzten historischen Bürgerwehr beim ersten der drei Inselfeiertage. Der zweite ist das Blutfest am zweiten Montag nach Pfingsten, der dritte Inselfeiertag ist Mariä Himmelfahrt am 15. August.

**Mai:** Das **Schaffhauser Jazzfestival** ist eine Werkschau des Schweizer Jazzschaffens (www.jazzfestival.ch); **Bodenseefestival:** In 30 Orten werden drei Wochen lang 70 klassische Konzerte und andere musikalische Veranstaltungen gegeben (www.bodenseefestival. de); **Weingartener Blutritt:** Beim größten religiösen Fest Oberschwabens am Freitag nach Himmelfahrt reiten seit über 450 Jahren etwa 2500 Männer hinter einer »Heiligblut-Reliquie« her durch die Felder und Fluren um die Stadt.

**Juni: Internationale Bodenseewoche** Anfang Juni in Konstanz: Segelregatten, Bootsausstellungen und Oldtimerparaden, **!** dazu Konzerte und Veranstaltungen sorgen für ein Seespektakel in

Feuerwerk beim Hausherrenfest in Radolfzell am dritten Sonntag im Juli

der Konstanzer Hafenmeile (www.inter nationale-bodenseewoche.com).

**Juli:** **Bregenzer Festspiele:** Als Höhepunkt des Vorarlberger Festkalenders wird jeweils für zwei Jahre bis Ende August dieselbe Oper auf der Seebühne gespielt. Die Bregenzer Festspiele eröffnen ihre Spielzeit für die Saison 2017/2018 am 19. Juli 2017 mit der allseits bekannten Oper »Carmen« von George Bizet (www.bregenzerfest spiele.com).

**August:** Der **Schweizer National-feiertag** (1.8.) wird überall mit Feuerwerken, Höhenfeuern und Tanzveranstaltungen begangen und bietet zudem die Gelegenheit, das ganze Land mit Schweizer Fahnen geschmückt zu erleben; **Friedrichshafener Kulturufer:** Das Musik- und Theaterfestival am Oberseeufer zieht Anfang August bis

zu 80 000 Menschen jährlich an (www. kulturufer.de); **Seenachtfest** in Konstanz und Kreuzlingen: Das gemeinsam gefeierte Fest am zweiten Augustsamstag lockt mit dem größten Feuerwerk beider Länder Zehntausende von schaulustigen Besuchern an den See (www. seenachtfest.de).

**Oktober:** **Sparkasse-Marathon der 3 Länder** (erster Oktobersonntag): Von Lindau über Österreich und die Schweiz bis zurück nach Bregenz verläuft die 42 km lange Marathon-Route (www. sparkasse-marathon.at); **Schätzele-markt** im baden-württembergischen Luftkurort Tengen am letzten Oktoberwochenende: Seit über 700 Jahren verkaufen einheimische und fahrende Händler alles Mögliche und Unmögliche, dabei wird der Anlass entsprechend gefeiert (www.tengen.de).

# Essen & Trinken

**Ein typisches Element der Bodenseeküche sind Felchen, Kretzer, Zander und andere Speisefische aus dem See.**

Aber auch die umliegenden Landschaften steuern viel bei: neben Getreide und Milchprodukten vor allem Obst und Wein. Beliebt sind Spätzle, die hier auch Knöpfle heißen, während sie zur Schweiz hin zunehmend durch Rösti (rohe oder gekochte geraspelte und gebratene Kartoffeln) ersetzt werden. Eine weniger bekannte Spezialität sind »Dünnele«, »Dinnele« oder »Dinnete«, eine Art alemannische Pizza, im Elsässischen Flammkuchen genannt.

In den letzten 100 Jahren entwickelte sich durch die Orientierung zu Hauptstädten auch die Küche der Bodenseeregion in unterschiedliche Richtungen: So gibt es im Thurgau auch Zürcher Geschnetzeltes und Berner Rösti, während in Vorarlberg die Wiener Küche mit ihren Mehlspeisen Einzug gehalten hat. Inzwischen haben sich allerdings nationale Spezialitäten über die Grenzen hinaus verbreitet, sodass man die Allgäuer Kässpätzle ebenso im Hegau findet wie das Zürcher Geschnetzelte in Oberschwaben.

Wegen der guten lokalen Zutaten, der weltoffenen Atmosphäre und des kulinarisch anspruchsvollen Publikums haben sich immer mehr kreative Köche im Bodenseegebiet niedergelassen. Artikel zu Themen wie Wein oder Käse, Restauranttipps und Porträts von Köchen sind im Magazin **Seezunge** zu lesen, das jährlich im Herbst neu erscheint (www.seezunge.com).

**❗ Erst-klassig**

### Typisch genießen

- Hohen Genussfaktor in herrlichem Ambiente bietet **Stromeyer – Die Bleiche** in Konstanz. › S. 61
- **Schloss Seeburg** in Kreuzlingen besticht nicht nur durch seine Aussicht, sondern ebenso durch Küche und Service. › S. 83
- Das **Wasserschloss Hagenwil** im Hinterland von Romanshorn ist eine erste Adresse für ein romantisches Dinner. › S. 85
- Stilvoll speisen bei grandioser Aussicht auf den Bodensee erlaubt das **Burgrestaurant Gebhardsberg** oberhalb von Bregenz. › S. 105
- Die Sterneküche im Hotel-Restaurant **Villino** in Lindau kombiniert mediterrane Einflüsse mit Bodensee-Zutaten. › S. 116
- Beste regionale Zutaten und fein abgestimmte Aromen genießt man im schön gelegenen **Lumperhof** in Ravensburg. › S. 129
- Im Überlinger **Bürgerbräu** serviert Simon Metzler moderne Kreationen aus klassischen Gerichten. › S. 143

# Narrentreiben rund um den See

Wer am Bodensee nach »Fasching« oder »Karneval« fragt, macht nicht nur einen sprachlichen Fehler. Mit der Bezeichnung »Fasnacht« (»Fasnet« im Alemannischen) ist eine andere Art zu feiern verbunden, die auf noch ältere Traditionen zurückgeht. Gemeinsam ist der Fasnet und dem Karneval gerade einmal das Datum um das Wochenende vor der Fastenzeit – und selbst da gibt es im Detail Unterschiede. Während im Rheinland der Rosenmontag der Höhepunkt ist, spielt sich die Fasnet am Bodensee vor allem am Donnerstag und Sonntag ab.

## Hemdglonker und Guggenmusik

Los geht es mit dem schmutzigen Donnerstag (»schmutzig« bedeutet hier »fett« wegen des Fettgebäcks, das an diesem Tag reichlich verzehrt wird), im Oberschwäbischen »gumpiger Donnerstag« genannt. Er beginnt in vielen Orten mit dem Wecken, d.h., die Schüler machen in den Straßen Lärm und klingeln an den Türen, sodass man an diesem Tag auch ohne Wecker aufwacht. Vormittags übernehmen die Narren dann die Rathäuser und an den Hochschulen die Rektorate. In Konstanz und anderen Städten ist das wichtigste Ereignis des Tages der »Hemdglonker-Umzug«, bei dem man in Nachthemden und Zipfelmützen durch die Straßen zieht – nicht nur Schüler, sondern auch ältere Semester, selbst der Konstanzer Oberbürgermeister. Der Abend klingt aus in vollen Kneipen und auf den Straßen, mit umherziehenden Guggenmusik-Gruppen und fantasievoll verkleideten Narren. Der entscheidende Unterschied zu anderen Regionen ist gerade die hier verbreitete Straßenfasnacht. Daneben gibt es auch die anderswo üblichen Saalveranstaltungen, bei denen es vergleichsweise gesittet und geordnet zugeht, mit Büttenreden und sonstigen Ritualen.

- **Fasnachtsmuseum** [C2]
  Das Museum thematisiert die fünfte Jahreszeit mit 300 lebensgroßen Figuren, einer Vielfalt an Narrenmasken und allerlei fasnächtlichen Exponaten. März–Nov. Mi, Sa, So 13–17 Uhr.
  Schloss Langenstein
  D-78359 Orsingen-Nenzingen
  Tel. 0 77 71/92 01 26
  www.fasnachtsmuseum.de

- **Fasnetsmuseum** [G2]
  Die Plätzlerzunft Altdorf-Weingarten zeigt die jahrhundertealte Geschichte und aktuelle Vielfalt der Weingartener Narretei. So 13.30–17.00 Uhr, Juli/Aug. geschl.
  Am Vorderochsen 3
  D-88250 Weingarten
  Tel. 07 51/5 26 11
  www.fasnetsmuseum.de

## In den Thurgauer Beizen

Eine Besonderheit im Thurgau ist die sogenannte Beizenfasnacht, die überall dort stattfindet, wo an den Gasthäusern und Beizen (Kneipen) außen der Hinweis »dekoriert« zu sehen ist. Diese Lokale sind jeweils nach einem bestimmten Thema geschmückt, oft sehr fantasievoll. In manchen Fällen bedeutet es aber inzwischen, dass die Dekoration

wenig originell ist – und dafür die Damen des Service sehr spärlich dekoriert (sprich: angezogen) sind.

## Am Dienstag ist (nicht) alles vorbei

Beeindruckend und symbolträchtig zeigt sich auch der Ausklang der Fasnacht am Dienstagabend, wenn die verschiedenen Vereine auf öffentlichen Plätzen die Fasnacht in Form von großen Puppen verbrennen. In den Orten direkt am Bodensee wird die Fasnacht auch im See versenkt. Danach geht man noch einmal in die geschmückten Kneipen, aber um 24 Uhr ist Schluss.

Am Schweizer Ufer des Bodensees wird die Fasnacht dagegen an einem anderen Datum gefeiert, hier geht sie bis über das erste Wochenende der Fastenzeit. In Ermatingen schließlich findet die Groppenfasnacht sogar noch drei Wochen später statt › **S. 76**.

## Die Narren halten Gericht

Die überregional bekannteste Veranstaltung ist das »Hohe Grobgünstige Narrengericht zu Stocken« in Stockach › **S. 143**, vor das jedes Jahr eine Persönlichkeit aus der Landes- oder Bundespolitik zitiert wird. Die Verteidigungsrede ist für jeden Angeklagten eine große Herausforderung (www.stockacher-narrengericht.de). **50 Dinge** ⑩ › **S. 13**.

Im kleineren Rahmen und im Freien findet seit 1993 das Jakobiner-Tribunal am schmutzigen Donnerstag (schmotzige Dunschtig) in Konstanz um 13 Uhr auf dem Obermarkt › **S. 56** statt.

Unübersehbar dreht sich die Imperia im Konstanzer Hafen

# TOP-TOUREN & SEHENS- WERTES

# UNTERSEE MIT KONSTANZ

**Kleine Inspiration**

- **Einen Logenplatz am See in historischer Architektur einnehmen** im Konstanzer Inselhotel › S. 60
- **Das »umgekehrte Schiff« entdecken** im Dachstuhl des Münsters St. Maria und Markus auf der Reichenau › S. 64
- **Auf dem Hohentwiel Rock und Pop hören** vor der größten Burgruine Deutschlands › S. 69
- **Die inspirierende Landschaft der Halbinsel Höri genießen** und Hermann Hesse in Gaienhofen lesen › S. 70
- **Das schmucke Schloss Arenenberg besichtigen** auf den Spuren von Napoleon › S. 76

Aus dem westlichen Ende des Untersees fließt der Rhein, der bei Schaffhausen den größten Wasserfall Europas bildet. Konstanz, mit 81 700 Einw. die größte Stadt am Bodensee, ist auch ein kulturelles Zentrum.

Konstanz liegt am Seerhein, dem Nadelöhr zwischen Obersee und Untersee, wobei die Altstadt sowie der Stadtteil Paradies die südliche, fast ausschließlich zur Schweiz gehörende Seite einnimmt. Durch die Grenze und die schmale Landverbindung nach Nordwesten fühlt man sich wie »am letzten Zipfele« Badens oder gar Deutschlands. Als typischer Ausflug von Konstanz aus ist dieser Region die Insel Mainau zugeordnet, auch wenn sie im Überlinger See liegt.

Durch einen Damm mit dem Festland verbunden ist die größte Insel des Bodensees, die Reichenau. Sie gehört zum UNESCO-Welterbe.

Hinter ihr und der Halbinsel Mettnau erstreckt sich als Teil des Untersees der Gnadensee mit seinem Ferienort Allensbach. Das Südufer des Untersees mit Orten wie Gottlieben und Ermatingen gehört ebenso zur Schweiz wie das pittoreske Stein am Rhein an der Westspitze. Westlich der Brücke von Stein geht der Untersee in den Hochrhein über, der bei Schaffhausen mit dem Rheinfall Europas größten Wasserfall bildet. Auf die zu Deutschland gehörende Halbinsel Höri zog es einst Künstler und Maler nach Gaienhofen. Der Teil des Untersees nördlich der Höri wird Zeller See genannt, mit Radolfzell als Regionalzentrum.

# Touren in der Region

 **Tour 1**
## Wo der See in den Rhein übergeht

**Route: Konstanz › Gottlieben › Stein am Rhein › Neuhausen/ Rheinfall › Schaffhausen › Kartause Ittingen › Konstanz**

**Karte:** Seite 52

**Dauer:** 1 Tag, 110 km
**Praktische Hinweise:**
• Die Tour mit dem Auto entlang des südlichen Unterseeufers führt nur über Nationalstraßen. Auch bei der Rückfahrt kann man ab Frauenfeld auf der Nationalstraße 1 nach Konstanz bleiben, wenn man keine Autobahnvignette für die Schweiz hat.

Blick über die St. Stephanskirche, Konstanz

## Tour-Start:

Von **Konstanz** 1 › S. 54 aus führt die Tour entlang der Schweizer Seite des Untersees durch kleine Orte wie das hübsche **Gottlieben** 15 › S. 76 und **Ermatingen** 14 › S. 76 mit seinen sehenswerten Fachwerkhäusern. Die nachfolgenden Orte sind zwar weniger bekannt, vermitteln jedoch interessante Einblicke in die Schweizer Bodenseeseite, etwa bei einer Pause in Berlingen oder Steckborn. Über Mammern mit seinem Spital für betuchte Patienten geht es ins mittelalterliche Städtchen **Stein am Rhein** 9 › S. 72 mit seinen herrlichen Fassadenmalereien, das zu einer ausgedehnten Mittagspause einlädt, etwa im historischen Rothen Ochsen. So gestärkt folgt man der Nationalstraße 13 nach Westen, zum etwas südlich von Schaffhausen in der Gemeinde Neuhausen gelegenen **Rheinfall** 12 › S. 74, dem größten Wasserfall Europas. Erst danach ist der Besuch von **Schaffhausen** 11 › S. 73 an der Reihe, der

nördlichsten Schweizer Kantonshauptstadt mit ihren 171 Erkern. Auf dem Rückweg nach Konstanz lohnt sich ein Abstecher über die **Kartause Ittingen** 13 › S. 75 etwas nördlich von Frauenfeld, eine der interessantesten ehemaligen Klosteranlagen im Bodenseeraum.

# Höri und Hegau

**Route: Radolfzell › Halbinsel Höri › Gaienhofen › Stein am Rhein › Singen › Radolfzell**

**Karte:** Seite 52

## Touren am Untersee

### Tour 1

**Wo der See in den Rhein übergeht**

Konstanz › Gottlieben › Stein am Rhein › Neuhausen/Rheinfall › Kartause Ittingen › Konstanz

### Tour 2

**Höri und Hegau**

Radolfzell › Halbinsel Höri › Gaienhofen › Stein am Rhein › Singen › Radolfzell

### Tour 3

**Wanderung auf Napoleons Spuren**

Konstanz › Gottlieben › Ermatingen › Schloss Arenenberg › Ermatingen › Konstanz

**Dauer:** 1 Tag, 52 km
**Praktische Hinweise:**

• Diese Tour auf der Nordseite des Untersees ist als Fahrt mit dem Auto konzipiert, kann aber auch als Zweitagestour mit dem Fahrrad unternommen werden; in diesem Fall wäre eine Übernachtung in Stein am Rhein angebracht.

## Tour-Start:

In **Radolfzell** **5** › S. **66** startet und endet die Tour entlang der **Halbinsel Höri** **7** › S. **70**, für deren Landschaft sich schon Dichter und Maler begeistern konnten. In **Gaienhofen** **8** › S. **70** sollte unbedingt das Her-

mann-Hesse-Höri-Museum aufgesucht werden, das sowohl über die Pfahlbauten der Region als auch über das literarische Leben auf der Höri informiert.

Entlang kleinerer Orte wie Öhningen führt der Weg in die Schweiz zum hübschen **Stein am Rhein** **9** › S. **72** mit bemalten Häuserfassaden und vielen Restaurants am Rathausplatz. Durch den nördlichen Zipfel vom Kanton Schaffhausen geht es anschließend in die Industriestadt **Singen** **6** › S. **69**, über der die sehenswerte Burgruine Hohentwiel thront. Ein Abendessen im Ausflugslokal auf halber Höhe zur Burg bietet sich an, bevor es zurück nach Radolfzell geht.

# Wanderung auf Napoleons Spuren

**Route:** **Konstanz** › **Gottlieben** › **Ermatingen** › **Schloss Arenenberg** › **Ermatingen** › **Konstanz**

**Karte:** Seite 52
**Dauer:** 1 Tag, 12 km
**Praktische Hinweise:**
• Zurück geht es während der Saison (April–Okt.) mit dem Schiff (ab Ermatingen 14.50, 16.58 und 18.58 Uhr; Vor- und Nachsaison eingeschränkt).

## Tour-Start:

Diese Tour auf Schusters Rappen entlang dem Südufer des Untersees führt vom Bahnhof **Konstanz**  › **S. 54** via Bodanstraße und Grenzbachstraße zunächst ins verträumte **Gottlieben** 15 › **S. 76**, wo zur Zeit des Konstanzer Konzils Jan Hus gefangen gehalten wurde. Der Espenweg führt über Tägerwilen bis Triboltingen, von dort geht es auf der Hauptstraße nach **Ermatingen** 14 › **S. 76** mit seinen Fachwerkhäusern. Mittagsrast halten könnte man im Hotel Adler, wo schon Napoleon Bonaparte abstieg. Danach führt die Wanderung hinter der Ortsmitte nach links hinauf zum Schloss Arenenberg › **S. 76**, das einst Napoleons Stieftochter gehörte – für viele das schönste Schloss im Bodenseeraum. Nach Besichtigung des Napoleonmuseums geht es zurück zum Anleger von Ermatingen und weiter mit dem Schiff nach Konstanz.

# Unterwegs in Konstanz 1 ⭐ [D3]

## Die Altstadt

Einen Rundgang durch die Altstadt beginnt man am besten beim Bahnhof mit seinem markanten neugotischen Turm. Auf der gegenüberliegenden Seite des Bahnhofsplatzes sind in einer langen Reihe repräsentative Fassaden der Gründerzeit zu sehen: Finanzamt, Hotel Halm und die heutige Sparkasse, ehemals die Hauptpost.

## Konzilsgebäude Ⓐ

Nördlich des Bahnhofs steht dieses mächtige, 1388 als Kauf- und Lagerhaus errichtete Gebäude, in dem beim Konstanzer Konzil 1417 allerdings nur die Papstwahl stattgefunden hat – die einzige auf deutschem Boden. Östlich davon dreht sich seit 1993 die Statue der **Imperia** des Künstlers Peter Lenk › **S. 42** aus Bodman, die mit den Figuren von Papst und Kaiser auf ihren Händen an die Käuflichkeit der Mächtigen und an die über 700 Kurtisanen des Konzils erinnern soll.

## Das Münster Ⓑ ⭐

Durch die Zollerstraße (Hohes Haus von 1294, mit Fassadenmalerei von 1935) führt der Weg zum Münster. Im 8. Jh. als Bischofskirche gegründet, gibt es einen Überblick über die Kunst- und Architekturgeschichte der letzten 1000 Jahre. Die **Krypta** (10. Jh.) enthält mit den vier großen vergoldeten Kupferscheiben archaisch anmutende Beispiele romanischer Kunst. Das romanische **Kirchenschiff** zieren gotische Fresken, das barocke Gewölbe stammt aus dem 17. Jh. (Führungen April–Okt. Sa 11, Juli–Sept. auch Mi 19 Uhr oder nach Anmeldung, Tel. 0 75 31/9 06 20). Kunsthistorisch bedeutsam sind auch die Kapellen an der Nordseite, z. B. die **Mauritiusrotunde** mit dem »Heiligen Grab« (13. Jh.) und den beiden Flügeln des Kreuzgangs. Das Münster besteht aus dem relativ weichen Rorschacher Sandstein, der ständig erneuert werden muss. Nach Jahren der Instandsetzung bietet der **Müns-**terturm wieder einen Rundblick über Stadt, Land und See.

## Kulturzentrum am Münster

Das Kulturzentrum gegenüber dem Hauptportal des Münsters umfasst u. a. die Stadtbücherei in dem durch seine Form und die rote Farbe auffälligen Neubau, nebenan die **Wessenberggalerie** mit Schwerpunkt auf der Kunst des Bodenseeraums im 19./20. Jh., einen Museumsshop sowie das Café-Restaurant Wessenberg (€–€€, Tel. 0 75 31/91 96 64).

## Haus zur Kunkel

In dem Haus aus dem 13. Jh. befinden sich die **Weberfresken,** frühgotische Wandmalereien (um 1300), die als älteste Darstellung weltlicher Themen an deutschen Wänden gelten und genau genommen nicht Weber, sondern Weberinnen bei

Das »Heilige Grab« in der Mauritiusrotunde im Konstanzer Münster

den unterschiedlichsten Arbeitsgängen der Leinenverarbeitung zeigen (Münsterplatz 5, Tel. 0 75 31/ 2 38 70; Info zu Führungen bei der Tourist-Information › **S. 60**).

## Niederburg

Zwischen Münster und Rhein erstreckt sich als ältester Stadtteil die Niederburg, die wegen ihrer gemütlichen Weinstuben bei den einheimischen »Vierteleschlotzern« beliebt ist. Pulverturm und Rheintorturm (13. Jh.) am Rhein sind Reste der früheren Stadtbefestigung.

## Südliche Altstadt

Mit einem kleinen Abstecher kommt man von der **St. Stephanskirche** **E** (Bürgerkirche aus dem 15. Jh.) durch die Torgasse direkt zu Peter Lenks **Triumphbogen** (1990) auf der Unteren Laube, mit dem der Künstler › **S. 42** Touristen, Straßen-

verkehrsteilnehmer und den Papst auf die Schippe nimmt. Wer hier einen Spaziergang durch den **Stadtteil Paradies** (zwischen Altstadt und der Grenze zur Schweiz im Westen gelegen) anschließen möchte, kann Jugendstilhäuser und Vorgartenidyllen entdecken.

Auf dem **Obermarkt** **F** hielt man vom 13. bis 18. Jh. Gericht und richtete die zum Tode Verurteilten auch gleich hin. Der Platz wird von Häusern aus dem späten Mittelalter eingerahmt, das **Malhaus** dient seit Jahrhunderten als Apotheke.

Wenige Schritte abseits in Richtung Marktstätte zeigt sich das **Rathaus** **G** (16. Jh.) erst von seinem Innenhof aus als ein sehr südländisch wirkendes Beispiel der florentinischen Renaissance. Dieser Hof ist im Sommer eine Oase der Ruhe – und ein beliebter Hintergrund für Hochzeitsfotos.

SEITENBLICK

### Stadtgeschichte

Nach ersten keltischen Siedlungen gab es in spätrömischer Zeit im Bereich des Münsters ein Kastell, das wohl Constantia hieß. Dessen Reste sind seit 2005 durch eine kleine Glaspyramide zu sehen. Seit Ende des 6. Jhs. Bischofssitz, erlebte die Stadt vom 12.–15. Jh. ihre Blütezeit, als sie durch den Handel mit Leinenstoffen zu großem Reichtum kam. 1414–1418 fand hier mit dem Kirchenkonzil von Konstanz der größte »Kongress« des mittelalterlichen Abendlandes statt, auf dem die Spaltung der Kirche durch Gegenpäpste überwunden und der Reformator Jan Hus als Ketzer verbrannt wurde. Der Niedergang setzte 1499 ein, als Konstanz durch die nach dem Schwabenkrieg neu gezogene Grenze den Zugang zum südlichen Hinterland verlor. 1821 wurde das einst größte Bistum auf deutschem Boden aufgelöst. Zu einem kleinen Provinzstädtchen herabgestuft, wurde Konstanz erst spät von der Industrialisierung erreicht, entwickelte sich aber zu einem Verwaltungszentrum. Seit den 1970er-Jahren bringt die neu gegründete Universität frischen Wind in die Stadt. 2010 wurde die Konstanz University Press als Publikationsorgan der Geisteswissenschaften gegründet.

Vom Obermarkt zum Schnetztor verläuft die **Hussenstraße,** früher die Ausfallstraße zur Schweiz, die man sich gut als belebte Straße einer mittelalterlichen Stadt vorstellen kann, obwohl hier inzwischen Häuser aus allen Jahrhunderten seit dem Spätmittelalter stehen. Aus dem Rahmen fällt Hausnr. 18 mit seiner expressionistischen Bemalung (1922).

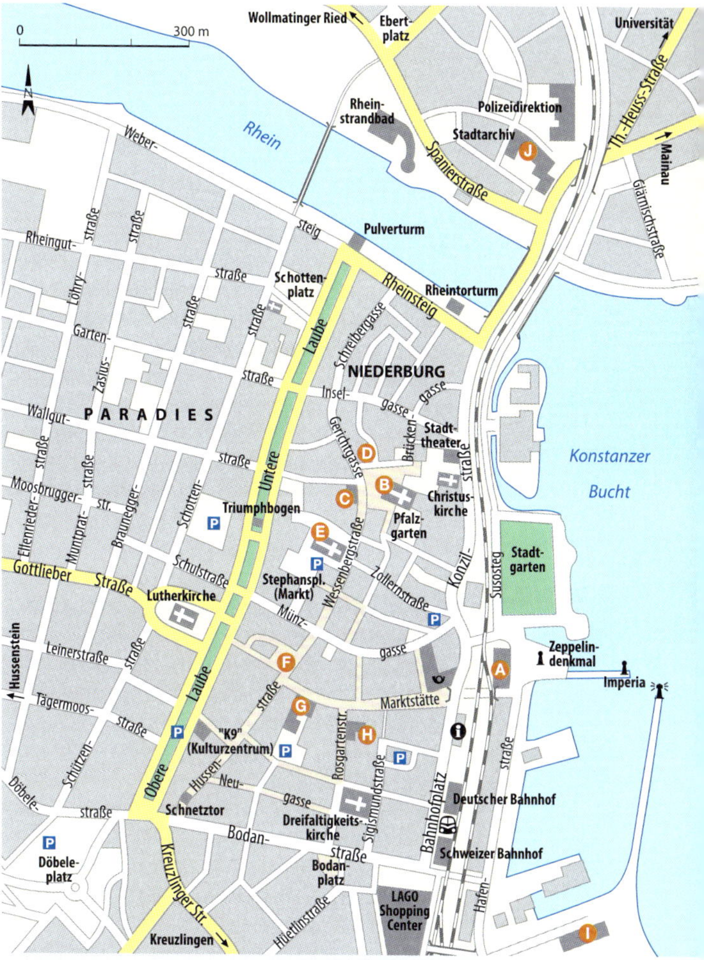

0     300 m

N

Wollmatinger Ried
Ebert-platz
Universität
Rhein-strandbad
Polizeidirektion
Th.-Heuss-Straße
Stadtarchiv
**J**
Mainau
Spanierstraße
Glärnischstraße
Rhein
Weber-
Rheingut-
straße
straße
Pulverturm
Löhly-
straße
Schotten-platz
Rheinsteig
Rheintorturm
Schreibergasse
Schotten-
straße
Garten-
straße
Zasius-
straße
Laube
**NIEDERBURG**
Insel-gasse
gasse
Gerichtsgasse
Stadt-theater
**PARADIES**
Wallgut-
straße
Untere
Brücken-gasse
Konstanzer
Bucht
Moosbrugger-
str.
Braunegger-
Schotten-
straße
**Triumphbogen**
**C**
**B**
**D**
Christus-kirche
Ellenrieder-
Mumpratt-
Pfalz-garten
Stadt-garten
Gottlieber   **Straße**
Schulstraße
**E**
**Lutherkirche**
**Stephanspl.**
**(Markt)**
Wessenbergstraße
Zollernstraße
Konzil-
Susostraße
Münz-
**Hussenstein**
teinerstraße
**F**
gasse
**A**
Zeppelin-denkmal
Tägermoos-
straße
Schützen-
**G**
Laube
Marktstätte
**Impéria**
Döbele-
straße
**"K9"**
**(Kulturzentrum)**
**H**
Rosgartenstr.
i
straße
Obere
Hüsen-
Neu-
gasse
Bahnhofplatz
**Deutscher Bahnhof**
**P**
**Schnetztor**
**Dreifaltigkeits-kirche**
Sigismundstraße
**Schweizer Bahnhof**
**Döbele-platz**
Bodan-
straße
Bodan-platz
Kreuzlinger Str.
Hüetlinstraße
**LAGO**
**Shopping**
**Center**
**I**
**Kreuzlingen**

**A** Konzilsgebäude
**B** Münster
**C** Kulturzentrum am Münster
**D** Haus zur Kunkel
**E** St. Stephanskirche
**F** Obermarkt
**G** Rathaus
**H** Rosgarten-Museum
**I** Sea Life
**J** Archäologisches Landesmuseum

In Hausnr. 64 stellt das **Hus-Museum** (Tel. 0 75 31/2 90 42; tgl. außer Mo 11–17 Uhr, Okt.–März bis 16 Uhr) den tschechischen Reformator Jan Hus vor, der 1415 trotz kaiserlicher Zusicherung von freiem Geleit während des Konzils in Konstanz als Ketzer auf dem Scheiterhaufen verbrannt wurde (Gedenkstätte an der Kreuzung Am Hussenstein/Alten Graben).

## An der Rosgartenstraße

Durch die Neugasse mit ihren alten Handwerkerhäusern erreicht man bei der **Dreifaltigkeitskirche** (Ende 13. Jh., Fresken aus der Konzilszeit; seit 2006 ökumenische »City-Kirche«) die Rosgartenstraße. Die Geschäftshäuser dort, um die Wende vom 19. zum 20. Jh. erbaut, sind zum Teil mit schönen Jugendstildetails geschmückt. Es lohnt sich auch hier, den Kopf in den Nacken zu legen.

Das städtische **Rosgarten-Museum** wurde schon 1870 gegründet und besitzt bedeutende Kunstwerke und Dokumente des Mittelalters wie z.B. die Richental-Chronik des Konstanzer Konzils. Im Erdgeschoss kann man einen Saal besichtigen, der ein Museum im Museum darstellt, da er seit der Gründungszeit nicht verändert wurde. Im neuen Erweiterungsbau präsentiert das Museum auch die neuere Geschichte des 19. und 20. Jhs. (Rosgartenstr. 3–5, Tel. 0 75 31/9 00-2 45, Di–Fr 10–18, Sa/So 10–17 Uhr, www.rosgartenmuseum-konstanz.de).

## Sea Life ●

Im »Klein-Venedig«-Park südlich des Hafens erstreckt sich das Sea Life, das in mehr als 40 Süß- und Meerwasserbecken die Unterwasserwelt des Rheins und der Meere zeigt. In einem Glastunnel kann

Gründerzeithäuser an der Seestraße in Konstanz

man durch das größte Becken gehen, in dem Haie und Rochen ihre kleinen Runden drehen. Seit 2010 bewohnen Eselspinguine die antarktische Anlage (Hafenstr. 9, Tel. 0 18 06/66 69 01 01, Juli/Aug. tgl. 10 bis 18, Sept.–Juni bis 17 Uhr, www. visitsealife.com/konstanz).

In einem Teil des Gebäudes ist das **Bodensee-Naturmuseum** untergebracht, die naturkundliche Ergänzung zum Seemuseum in Kreuzlingen › S. 82. Es zeigt die Geologie und Entstehung der Bodenseelandschaft und gibt ein anschauliches Bild von der z. T. bedrohten Tier- und Pflanzenwelt von See und Umland. Mit interessanten museumspädagogischen Aktionen können Kinder am Beispiel von Bienen, Fröschen und Wildschweinen die heimische Natur kennenlernen (Öffnungszeiten wie Sea Life).

# Rechts des Rheins

Das jenseits des Rheins gelegene Viertel hat mit der früheren Abtei Petershausen eine fast ebenso alte Geschichte wie die Altstadt. Das im 10. Jh. gegründete Kloster wurde Anfang des 19. Jhs. aufgehoben. Seit den 1980er-Jahren sind hier in den historischen Gebäuden und neuen postmodernen Bauten verschiedene öffentliche Einrichtungen untergebracht.

## Archäologisches Landesmuseum ①

Das Museum präsentiert als Schaufenster der Landesarchäologie die neuesten Methoden und spektakulären Funde der archäologischen Geschichtsforschung in Baden-Württemberg und zeigt ein sehr anschauliches Bild des vorgeschichtlichen und mittelalterlichen Lebens, geografisch jedoch beschränkt auf die heutigen Landesgrenzen (Benediktinerplatz 5, Tel. 0 75 31/98 04-0, tgl. außer Mo 10–18 Uhr, www.konstanz.alm-bw.de).

Östlich der Rheinbrücke schließt sich die **Seestraße** an (mit Gründerzeit- und Jugendstilhäusern), die in die **Seepromenade** mit dem Spielcasino übergeht und sich im **Seeuferweg** fortsetzt, der den Fußgängern das ganze Ufer bis Staad (Fährhafen) erschließt.

## Universität Konstanz

Die auf einem Hügel zwischen Wald und Wiesen gelegene Hochschule, gegründet 1966, befindet sich seit 1973 in diesem neuen Komplex, der mit viel bunter moderner Kunst ausgestattet ist. Für auswärtige Besucher ist außer der schönen Lage vor allem die Bibliothek mit ihrer großen Bodenseesammlung interessant. Alle 2 Mio. Bücher sind rund um die Uhr zugänglich.

## Wollmatinger Ried

Diese Uferlandschaft erstreckt sich vom Konstanzer Industriegebiet bis zur Pappelallee, die auf die Insel Reichenau führt. Mit dem sich nordwestlich anschließenden Gierenmoos ist das Wollmatinger Ried das mit 7,67 km² größte Naturschutzgebiet am Bodensee. Da die Sumpflandschaft weitgehend sich selbst überlassen ist, dient sie vielen

Vogelarten als Brutplatz und den Zugvögeln als Rastort. Von April bis Oktober gibt es Riedführungen. Im ehemaligen Bahnhof Reichenau wurde ein **Naturschutzzentrum** eingerichtet, in dem man sich über das Gebiet informieren kann (Kindlebildstr. 87, D-78479 Reichenau, Tel. 0 75 31/7 88 70, www.nabu-wollma tingerried.de).

## Info

**Tourist-Information**

Im Sommer regelmäßig Führungen zu historischen Themen, auch für Blinde.

- Bahnhofplatz 43 (im Bahnhof)
  D-78462 Konstanz
  Tel. 0 75 31/13 30 30
  www.konstanz-tourismus.de

## Hotels

**Riva** €€€

Ultramodernes Nichtraucherhotel am See mit raumhohen Fenstern, eigenem Spa und elegantem Gourmetrestaurant.

- Seestr. 25 | 78464 Konstanz
  Tel. 0 75 31/3 63 09-0
  www.hotel-riva.de

**Steigenberger Inselhotel** €€€

Erste Adresse in Konstanz mit schöner Seeterrasse im 🛈 denkmalgeschützten einstigen Dominikanerkloster auf eigener Insel, in dem Ferdinand Graf von Zeppelin geboren wurde.

- Auf der Insel 1 | 78462 Konstanz
  Tel. 0 75 31/1 25-0
  www.steigenberger.com

**Halm** €€–€€€

Arabisch angehauchtes Grandhotel aus dem Jahr 1874 mit gemütlicher Bibliothek und dem anziehenden Restaurant

Le Marrakech im prachtvollen maurischen Saal.

- Bahnhofplatz 6
  78462 Konstanz
  Tel. 0 75 31/1 21-0
  www.hotel-halm.de

**Graf Zeppelin** €€

Klassisches Hotel aus dem Jahr 1835 mit Wandmalereien im Stil des Historismus. Modern eingerichtete Zimmer, regelmäßig freitags Jazzkonzerte.

- St. Stephanspl. 15 | 78462 Konstanz
  Tel. 0 75 31/69 13 69-0
  www.hotel-graf-zeppelin.de

## Restaurants

**Konzil** €€€

Wo einst ein Papst gewählt wurde, kommt heute eine breite Auswahl an Spezialitäten von deftigem Fleisch über frischen Fisch bis zu Suppen und Salaten auf den Tisch.

- Hafenstr. 2 | 78462 Konstanz
  Tel. 0 75 31/2 12 21
  www.konzil-konstanz.de

**Staader Fährhaus** €€€

Kleines, feines Genießerrestaurant im Fachwerkhaus mit Vollwertküche am Fährhafen in Staad. Mi/Do geschl.

- Fischerstr. 30 | 78464 Konstanz
  Tel. 0 75 31/3 61 67 63
  www.staaderfaehrhaus.de

**Pinocchio** €€–€€€

Eines der besten italienischen Restaurants der Stadt mit hausgemachter Pasta, ausgesuchter Weinkarte und regelmäßigen Gourmet-Aktionen.

- Untere Laube 47 | 78462 Konstanz
  Tel. 0 75 31/1 57 77
  www.pinocchio-konstanz.de

### Anglerstuben €€

Die Weinstube gleich am Seerhein ist
auf frischen Fisch wie Felchen-, Zander-
oder Hechtfilet spezialisiert. So abends
und Mo geschl.

• Reichenaustr. 51 | 78467 Konstanz
  Tel. 0 75 31/9 76 79 30
  www.anglerstuben.com

### Brasserie Colette €€

Frankophile Brasseriegerichte mit allerlei Seafood serviert Sternekoch Tim Raue
nun auch in Konstanz in gemütlicher
Atmosphäre. Mo/Di geschl.

• Brotlaube 2 a | 78462 Konstanz
  Tel. 0 75 31/12 85-107
  www.brasseriecolette.de

### Hexenküche €€

Romantisch-skurril eingerichtetes Steak-
haus mit viel Holz und Stein auf mehreren Ebenen. Di geschl.

• Bodanstr. 30 | 78462 Konstanz
  Tel. 0 75 31/2 45 60
  www.hexenkueche-steakhaus.de

### Stromeyer – Die Bleiche €€

Regionale Küche in der Bleiche einer
früheren Zeltfabrik ⚡ in einzigartiger
Lage am Seerhein. Sonntags Frühstücks-
und Mittagsbuffet.

• Bleicherstr. 8
  78467 Konstanz
  Tel. 0 75 31/9 42 28 60
  www.stromeyer-die-bleiche.de

**SEITENBLICK**

## Kirchen-Geschichten

Bischof Konrad hatte im 10. Jh. den Wunsch, aus Konstanz als Zentrum des größten deutschen Bistums ein zweites Rom zu machen – und so verteilte er auch
die Kirchen in der Stadt nach dem Modell der Papststadt. Von den gut zehn christ-
lichen Gotteshäusern in der einen halben Quadratkilometer großen Altstadt haben
einige die Säkularisation und ihre wechselvolle Geschichte überdauert: Die an
sonnigen Nachmittagen im Schatten des Münsterturms liegende ehemalige Kirche **St. Johann** diente seit dem 10. Jh. als Stiftskirche, bis sie 1813 aufgehoben
und als Brauerei mit Stallungen genutzt wurde. Nach dem Zweiten Weltkrieg wurde die Kirche als gutbürgerliches »Domhotel St. Johann« geführt und inzwischen
zu Apartmentwohnungen umgebaut.

Das auf gleicher Höhe am See gelegene »Inselhotel« war vom 13. Jh. bis 1785
ein bedeutendes **Dominikanerkloster,** diente im 19. Jh. als Baumwollfabrik und
seit 1874 als vornehmes Hotel. Im einstigen **Franziskanerkloster** am Stephans-
platz war nach der Säkularisierung 1788 erst eine Fabrik untergebracht, dann eine
Kaserne und schließlich eine Schule mit Bürgersaal. Im Süden der Altstadt sind
zwei Kirchen nur bei genauem Hinsehen als solche zu erkennen: Die **Paulskirche**
(10. Jh.) war Brauerei und Lagerhaus, bis sie durch ein Kulturzentrum (»K 9«
› S. 62) neu erwachte. Die Kirche **St. Jodok** (um 1400) an der Kreuzlinger Straße
schließlich hat sich durch die Einrichtung eines Nachtclubs am weitesten von ihrer
Originalbestimmung entfernt.

Der »Kirchen-Stadtplan Konstanz« führt zu allen etwa 50 Kirchen und Kapellen
in und um Konstanz; erhältlich bei der Tourist-Info und in den Kirchen.

Blumenkunst auf der Insel Mainau

**Tolle Knolle** €–€€

Im modern gestalteten Restaurant mit Terrasse steht die Kartoffel im Mittelpunkt: von Kartoffelpizza über Reibekuchen und Röstis bis zu Fleisch- und Fischgerichten. **50 Dinge** ⑭ › S. 13.

• Bodanplatz 9 | 78462 Konstanz
Tel. 0 75 31/1 75 75
www.tolle-knolle.de

### Shopping
**Das Voglhaus**

Kombinierte Boutique für Wohnaccessoires mit einem gemütlichen Café.

• Wessenbergstr. 8 | 78462 Konstanz
Tel. 0 75 31/9 18 95 20
www.das-voglhaus.de

**Glückseeligkeit**

Regional produzierte Produkte mit nachhaltigem Fairness-Ansatz.
**50 Dinge** ㊶ › S. 17.

• Neugasse 20 | 78462 Konstanz
Tel. 0 75 31/9 02 20 75
www.glueckseeligkeit-kn.de

**Weinhandlung Franz Fritz**

Über 400 Weine stehen hier zur Auswahl; mit Weinstube. Mi/So geschl.

• Niederburggasse 7 | 78462 Konstanz
Tel. 0 75 31/2 13 67
www.weinhandlung-fritz.de

### Nightlife
**Wessenberg Café Bar**

Leckere Drinks, eine lange Weinkarte und internationale Küche im schönsten Innenhof von Konstanz.

• Wessenbergstr. 41 | 78462 Konstanz
Tel. 0 75 31/91 96 64
www.wessenberg.eu

### K 9

Das Kulturzentrum im modern umgebauten Barocksaal der ehemaligen Paulskirche bietet Kabarett, Konzerte und Disco-Themenabende.

• Obere Laube 71 | 78462 Konstanz
Tel. 0 75 31/1 67 13
www.k9-kulturzentrum.de

### Rheinterrasse

Restaurant und Bar, regelmäßig Partys und Tanz – allein wegen der Lage direkt am Seerhein und den symbolistischen Gemälden im Stil der 1930er-Jahre einen Besuch wert.

• Spanierstr. 5 | 78467 Konstanz
Tel. 0 75 31/5 60 93
www.rheinterrasse-kn.de

# Ausflug zur Insel Mainau ❷ ⭐ [D3]

Mit dem Schiff oder dem Stadtbus der Linie 4 ist die mit dem Festland durch eine Brücke verbundene Mainau von Konstanz aus schnell erreicht. Die Blumeninsel zieht mit ihren Gärten und Parks mit jahreszeitlich wechselnder Blütenpracht von Orchideen (im Gewächshaus) über Tulpen, Rhododendren und Rosen bis zu den herbstlichen Astern über eine Million Besucher im Jahr an. Hier wird aber nicht nur die hohe Kunst des Gartenbaus präsentiert, sondern es gibt auch ein reiches Veranstaltungsprogramm von Konzerten bis hin zur Umweltbildung.

An schönen Sommertagen kann man den Besuchermassen ausweichen, indem man die Insel am frühen Morgen (7–10 Uhr) besichtigt. Ein etwa zweistündiger Spaziergang entlang der blauen Ausschilderung auf botanischen Spuren erschließt zudem die architektonischen Highlights der Insel. Das dreiflügelige **Schloss** und die barocke **St. Marienkirche** entstanden in der Mitte des 18. Jhs.; später nutzten die badischen Großherzöge die Insel, bevor Graf Lennart Bernadotte (1909 bis 2004) sie in ein Gartenparadies umwandeln ließ.

### Info

**Mainau GmbH**
• D-78465 Insel Mainau
  Tel. 0 75 31/3 03-0 | www.mainau.de

# Unterwegs am Untersee

## Insel Reichenau   [D3]

Seit dem frühen Mittelalter verkörpert die Insel die Doppelbedeutung des Begriffs der Kulturlandschaft: in der Kultivierung der Natur, die von den Klöstern ausging, und in deren Einfluss auf Bildung, Kunst und Wissenschaft. Mit ihren drei romanischen Kirchen wurde die Reichenau in die UNESCO-Liste des Weltkulturerbes aufgenommen. Die mitten im Untersee gelegene, aber durch einen 1838 angelegten Damm mit dem Festland verbundene Insel ist mit gut 4 km² die größte des Bodensees. Die gleichnamige Gemeinde besitzt auf dem Festland noch ein Gebiet, das etwa doppelt so groß ist wie die Insel selbst. Dort leben in den Ortsteilen Lindenbühl, Wald-siedlung und im Zentrum für Psychiatrie ein Drittel der 5200 Einwohner der Gemeinde. Das auf der Insel angebaute Gemüse wird bis München und Stuttgart geliefert und ist nach wie vor die wichtigste Einnahmequelle der Reichenau.

Anno 724 gründete der westgotische Bischof Pirmin auf der Reichenau ein Benediktinerkloster, das sich schnell zu einem der kulturellen Zentren des Abendlandes entwickelte. Die religiöse Bedeutung der Reichenau beruhte auf den Reliquien, die ihr im 9. und 10. Jh. vermacht wurden: die Gebeine des hl. Markus, der Schädel des hl. Georg sowie die Heiligblutreliquie, ein byzantinisches Kreuz, das blutgetränkte Erde von Golgatha enthalten soll. Sie werden heute in der Münsterschatzkammer in Mittelzell › **S. 65** aufbewahrt.

Blick in die Stiftskirche St. Peter und Paul
in Niederzell

Den umfassendsten Eindruck von der Insel bekommt man bei einer Wanderung auf dem etwa 10 km langen, markierten und an vielen Stellen idyllischen Uferweg, der an der Nordseite die drei Ortsteile Oberzell, Mittelzell und Niederzell verbindet und anschließend mit schöner Sicht über den Untersee auf die Halbinsel Höri und den schweizerischen Seerücken zum Ausgangspunkt zurückführt.

Vom Schloss Königsegg aus (in der Nähe der Schiffslandestelle) sollte man die Abkürzung über den höchsten Punkt der Insel mit der Hochwart (441 m) nehmen, die einen Rundblick über die Insel, den Untersee und die umliegenden Hügellandschaften bietet.

## Niederzell

In Niederzell, das in früherer Zeit wegen eines Sumpfgebiets fast eine Insel für sich war, steht die ehemalige **Stiftskirche St. Peter und Paul,** eine Säulenbasilika aus dem 12. Jh. Seit der Restaurierung heben sich die romanischen Fresken in Apsis und Chor farblich angenehm von den Rokoko-Stuckverzierungen ab.

## Mittelzell

Hier ist das Zentrum der Insel: ein dreieckiger Platz (»Ergat«) mit einer uralten Linde. An seiner Südseite steht das alte **Rathaus,** ein schöner Fachwerkbau aus dem 12./15. Jh., in dem seit 1982 das **Museum Reichenau** mit dem Thema »Leben und Arbeiten auf der Reichenau« untergebracht ist (Ergat 1+3, Tel. 0 75 34/ 99 93 21, April–Okt. tgl. außer Mo 10.30–16.30, Juli/Aug. bis 17.30, sonst Sa/So 14–17 Uhr, www.muse umreichenau.de), daneben ein über 200 Jahre altes **Backhaus**. Das Museum wurde durch drei sehr moderne Neubauten ergänzt: einer neben dem alten Rathaus-Fachwerkbau, die beiden anderen stehen bei den Kirchen in Ober- und Niederzell.

Ein für die Kultur- und Kunstgeschichte der Reichenau zentraler Ort ist das etwas unterhalb gelegene romanische **Münster St. Maria und Markus** ⭐ (9.–15. Jh.). In der Blütezeit der Abtei (9.–11. Jh.) wurde die Kirche mehrfach umgebaut und erweitert, in spätgotischer Zeit der erhöhte Chor eingefügt. Das Kircheninnere beeindruckt durch den offenen Dachstuhl (13. Jh.), der in seiner Konstruktion an ein umgekehrtes Schiff erinnert. In der **Schatzkammer** sind die bedeutendsten Schätze aus der großen Vergangenheit der Abtei zu sehen (April bis Sept. tgl. außer So 10–12, 15 bis 17 Uhr). Nordöstlich des Münsters wurde nach dem Buch »De cultura hortorum« (um 840) des Abtes Walahfrid Strabo ein öffentlich zugänglicher **Kräutergarten** mit allen beschriebenen Pflanzen angelegt.

## Oberzell

Die am Ostende der Insel in Oberzells Gemüsefeldern gelegene ehemalige **Stiftskirche St. Georg** ⭐ ist äußerlich die unscheinbarste, ihrer Wandmalereien wegen aber die bedeutendste Kirche der Insel Reichenau. Die Bilder stammen vom Ende des 10. Jhs. und zählen durch Größe und Erhaltungszustand zu den herausragenden Werken ottonischer Kunst. Ein Spottbild mit einem auch heute noch erheiternden Motiv ist auf der linken Wand vor dem Chor der Kirche dargestellt: die »Schwatzhaftigkeit der Frauen, die auf keine Kuhhaut geht« (1308). Aus konservatorischen Gründen ist die Kirche nur eingeschränkt zugänglich (Infos beim Tourismusbüro).

### Info
**Tourist-Information**
• Pirminstr. 145 | D-78479 Reichenau
Tel. 0 75 34/92 07-0
www.reichenau-tourismus.de

### Hotels
**Ganter Hotel Mohren** €€
Moderne Zimmer mit Balkon im Zentrum von Mittelzell; Wellnessbereich.

• Pirminstr. 141 | Tel. 0 75 34/99 44-0
www.mohren-bodensee.de

**Strandhotel Löchnerhaus** €€
Eigener Strand und Bootssteg; einmalige Lage mit Blick auf die Schweiz.
• An der Schiffslände 12
Tel. 0 75 34/80 30
www.loechnerhaus.de

### Restaurants
**Kreuz** €€
Für ausgezeichnete Fischküche bekanntes Lokal. Mo/Do geschl.
• Zelleleweg 4 | Tel. 0 75 34/3 32
www.kreuz-reichenau.de

**Zum alten Mesmer** €€
Gemütliches Café-Restaurant mit Gartenterrasse. Mo/Di geschl.
• Burgstr. 9 | Tel. 0 75 34/2 39
www.zumaltenmesmer.de

# Allensbach **4** [D3]

Der hübsche Ferienort (7000 Einw.) mit dem wärmsten Badewasser am Bodensee war über ein Jahrtausend lang der Fährstützpunkt der Insel Reichenau und hatte von 998 bis zum Dreißigjährigen Krieg sogar Stadtrechte. Er ist ein idealer Ausgangspunkt für Touren in die abwechslungsreiche Drumlinlandschaft des Bodanrücks (z. B. Marienschlucht, Mindelsee, Wild- und Freizeitpark › **S. 27**).

Sehenswert sind die barocke **Pfarrkirche St. Nikolaus** und das **Heimatmuseum** nebenan (Rathausplatz 2, D-78476 Allensbach, Tel. 0 75 33/8 01-52, Mitte Mai–Mitte Okt. Di 17–19, Sa 10–12, Juli/Aug.

auch Do 10–12 Uhr, www.museum-allensbach.de, Eintritt frei). Empfehlenswert ist auch das für den Ort beachtliche Kulturprogramm.

## Info

**Kultur- und Verkehrsbüro**
• Konstanzer Str. 12 (im Bahnhof)
  D-78476 Allensbach
  Tel. 0 75 33/8 01-34
  www.allensbach.de

## Hotel

**Haus Rose €–€€**
Kleines, behagliches Hotel mit Garten, Restaurant und Konditorei.
• Konstanzer Str. 23
  Tel. 0 75 33/31 00
  www.rose-allensbach.de

## Restaurant

**Seegarten €€**
Mit regionalen Gerichten und einer schönen Aussicht auf den Gnadensee punktet das Restaurant im Uferpark. Nov.–Feb. geschl.
• Strandweg 2 | Tel. 0 75 33/9 49 28 26
  www.seegarten-restaurant.de

## Shopping

**Hofladen Müllerhof**
Der große Bio-Gutshof bietet gesunde Lebensmittel direkt ab Hofladen sowie Gästezimmer und Wohnen im Heu.
• Markelfingerstr. 12 | Tel. 0 75 33/57 29
  www.biohof-mueller.de

# Radolfzell 5 [C2–C3]

Die Stadt (30 500 Einw.) am nordwestlichen Ende des Untersees, der hier Zeller See heißt, ist das touristische Zentrum des westlichen Bodenseeraums – mit einer Pumpenfabrik und einem namhaften Textilunternehmen aber auch eine kleine Industriestadt. Sie liegt zwischen zwei der schönsten Landschaften der Region, dem Bodanrück im Nordosten und der Halbinsel Höri mit dem Schiener Berg im Südwesten.

## Zentrum

Mittelpunkt von Radolfzell ist das auf einem Hügel erbaute spätgotische **Münster**. Es ist ein Nachfolgebau einer 826 von Bischof Radolf von Verona gegründeten Klosterzelle (»Cella Ratoldi«), von der sich der Name der Stadt ableitet. Seit dem Mittelalter befinden sich hier die Reliquien der Heiligen Senesius, Theopont und Zeno, nach denen der barocke Hausherrenaltar benannt ist. Das Hauptschiff wurde 1713 mit einer Stuckdecke im Rokostil überwölbt. Im 1750 umgebauten Seitenschiff sind Deckenfresken von F. J. Spiegler und ein Rosenkranzaltar von 1632 zu sehen.

Der Münsterplatz, der Mi und Sa als Marktplatz dient, ist von repräsentativen Bauten aus der Barockzeit eingerahmt, am Ostende das **Österreichische Schlösschen**, im Westen Rathaus und Stadtapotheke. In Letzterer zeigt das **Stadtmuseum** die Kultur- und neuere Stadtgeschichte (Seetorstr. 3, D-78315 Radolfzell, Tel. 0 77 32/81-5 30, Di–So 11–17 Uhr). Die schönen Bürgerhäuser der Altstadt stammen größtenteils aus derselben Zeit. In der **Höllturm-Passage** verschmelzen historische Bausubstanz und postmoderne Architektur. Zu Ehren der drei Stadtpatrone wird jedes Jahr am dritten Sonntag im Juli das **Haus-herrenfest** veranstaltet, zu dem am Montag darauf auch die **Mooser Wasserprozession** mit blumenge-schmückten Booten über den Zeller See führt.

## Halbinsel Mettnau

Die östlich von Radolfzell in den See ragende Halbinsel ist in ihrem stadtnahen westlichen Teil von Hotels, Strandbad und Kuranlagen geprägt (Motto: »Bewegung ist Leben«), der Rest ist ein insgesamt 140 ha großes Naturschutzgebiet. Informationen zu Beobachtungs-punkten und einem Naturpfad er-hält man im Info-Pavillon (Strand-badstr., Tel. 0 77 32/1 23 39, www. nabu-mettnau.de).

## Mindelsee

Ein über 400 ha großes Naturschutz-gebiet umfasst den zwischen den Ortsteilen Möggingen und Markel-fingen gelegenen Mindelsee, u. a. ein Refugium für Welse. Über die Öko-logie dieser idyllischen Landschaft informiert die Ausstellung im **Natur-schutzzentrum Möggingen** (Mühl-bachstr. 2, Tel. 0 77 32/15 07-0).

### Info

**Tourist-Information**
• Bahnhofplatz 2 | D-78315 Radolfzell
  Tel. 0 77 32/8 15 00
  www.radolfzell-tourismus.de

### Hotels

**Krone am Obertor** €€
Rustikal-gemütliches Altstadthotel.

Das Stadtmuseum in Radolfzell

• Obertorstr. 2 | Tel. 0 77 32/9 29 90
  www.bodenseehotel-krone.de

**Naturfreundehaus Bodensee** €€
Das frühere Wandererheim im Stadtteil Markelfingen wurde in ein zeitgemäßes Feriendomizil umgewandelt. **!** Beste Uferlage, günstige Familientarife mit Halbpension, eigener Campingplatz.
• Radolfzeller Str. 1
  Tel. 0 77 32/8 23 77-0
  www.naturfreundehaus-bodensee.de

### Restaurants

**Basilikum** €€–€€€
Ausgewogene Küche und Bio-Gerichte im Wohnzimmerambiente. Mo geschl.
• Löwengasse 30
  Tel. 0 77 32/97 05 70
  www.basilikum-radolfzell.de

**Liesele** €€
Hier wird wie früher bei Oma gekocht; vor allem bodenständige schwäbische und badische Gerichte kommen auf den Teller.
• Höllstr. 3 | Tel. 0 77 32/97 22 15
  www.liesele.de

**Mettnaustube** €€

Vor allem leckere Fischgerichte; mit Wintergarten und Terrasse. Mo geschl.

• Strandbadstr. 23
Tel. 0 77 32/1 36 44
www.mettnaustube.de

**Strandcafé** €–€€

Lichtdurchflutetes Café-Restaurant auf der Halbinsel Mettnau.

• Strandbadstr. 102 | Tel. 0 77 32/16 50
www.strandcafe-mettnau.de

### Shopping

**Seemaxx**

Factory Outlet Center mit Preisvorteilen bei Top-Marken (ab 30 %). Tgl. außer So 10–19 Uhr. **50 Dinge** (42) › S. 17.

• Schützenstr. 50
Tel. 0 77 32/94 09 99-30
www.seemaxx.de

## Singen  6 [B2–C2]

Die Industriestadt (46 300 Einw.) verdankt ihre Entwicklung v. a. der Tatsache, dass sie als eine der ersten Städte der Region Eisenbahnanschluss hatte. Zur Stadt erhoben wurde Singen allerdings erst 1899, nachdem es bis Mitte des 19. Jhs. noch ein Bauerndorf gewesen war. Daher besitzt Singen weder eine Altstadt noch historische Baudenkmäler. Aus dieser Not machte es eine Tugend und besann sich auf seine neuere Geschichte als Industriestadt, die man auf einem **Geschichtspfad** kennenlernen kann. Die Vor- und Frühgeschichte des schon seit mindestens 4000 Jahren besiedelten Hegaus wird im **Archäologischen Hegau-Museum** im Schloss

**SEITENBLICK**

### »Ökostadt« Radolfzell

Städte und Gemeinden am Bodensee wie Konstanz, Hard und Uhldingen-Mühlhofen machen immer wieder mit vorbildlichem Natur- und Umweltschutz von sich reden und werden bei Wettbewerben ausgezeichnet. Der Ruf der Stadt Radolfzell als »Ökostadt« hat aber auch andere Gründe – und eine lange Vorgeschichte: Die natürliche Voraussetzung dafür waren zunächst die Naturlandschaften, die z. T. schon in den 1930er-Jahren unter Schutz gestellt wurden: Mettnau, Mindelsee und die Riedlandschaften des Bodenseeufers. 1946 installierte sich im Wasserschloss Möggingen die aus dem ostpreußischen Rossitten vertriebene Vogelwarte Radolfzell, die sich die Erforschung des Vogelzugs zur Aufgabe gemacht hat. In Radolfzell selbst residieren u. a. die Deutsche Umwelthilfe, die Stiftung Europäisches Naturerbe, die in verschiedenen Ländern Europas besonders wichtige Naturlandschaften betreut, der Global Nature Fund mit dem weltweiten Seen-Projekt »Living Lakes« und seit 2005 auch die Internationale Bodensee-Stiftung (www.bodensee-stiftung.org).

Das Personal dieser Einrichtungen hat durchaus auch einigen kommunalpolitischen Einfluss und trifft dabei auf eine ökologisch sensibilisierte Stadtverwaltung. So haben sich mehrere Faktoren gegenseitig verstärkt, und die Stadt kann sich mit einem werbewirksamen Prädikat schmücken.

Blick von der Festungsruine Hohentwiel auf Singen

präsentiert (Am Schlossgarten 2, D-78224 Singen, Tel. 0 77 31/8 52 67, Di–Sa 14–18, So bis 17 Uhr, www. hegau-museum.de).

Mit dem Wandgemälde »Krieg und Frieden« von Otto Dix besitzt das 1960 erbaute **Rathaus** eines der größten Werke des Künstlers. Der **Paradiesbaum** (1995) des Bodmaner Bildhauers Peter Lenk (› **S. 42**) verleiht der hauptsächlich durch ihre Geschäfte attraktiven Fußgängerzone einen künstlerischen Akzent. Das Werk wird nach wie vor kontrovers diskutiert.

Der westlich der Stadt aufragende **Hohentwiel** (688 m) gehört zwar zu den kleineren Hegaubergen, aber die Festungsruine, die den höheren Teil des Berges bedeckt, ist mit 9,9 ha die größte Burgruine von Deutschland. Der Hohentwiel war sicher schon in vorgeschichtlicher Zeit bewohnt; die erste nachgewiesene Burg stammt von Anfang des 10. Jhs.; ab dem 16. Jh. wurde hier eine einfache Ritterburg zur württembergischen Landesfestung aus-

gebaut. Ein Informationszentrum am Fuß der Ruine vermittelt ihre Geschichte (Auf dem Hohentwiel 2 a, Tel. 0 77 31/6 91 78, April bis Sept. 9–19.30, Okt. 10–18, Nov. bis März 10–16 Uhr, www.festungsrui ne-hohentwiel.de). Jedes Jahr im Sommer findet auf dem Hohentwiel ein großes **Rock-Pop-Musikfestival** statt (www.hohentwielfestival.de).

## Info

**Touristinfo**

• August-Ruf-Str. 13 | D-78224 Singen
  Tel. 0 77 31/85-2 62
  www.singen.de

## Hotels

**Lamm** €€

Modernes Hotel; Restaurant Schäferstuben, Frühstück im Dachgarten.

• Alemannenstr. 42
  Tel. 0 77 31/4 02-0
  www.hotellamm.com

**Hegau-Haus** €–€€

Einfache Zimmer mit Aussicht von Hohenkrähen bis Hohentwiel.

• Duchtlinger Str. 55
  Tel. 0 77 31/4 46 72
  www.hotel-hegauhaus.de

### Restaurants

**Hotel-Restaurant Hohentwiel**
€€–€€€
Ausflugslokal auf halber Höhe der Ruine;
mit Aussicht auf Bodensee und Alpen.
• Hohentwiel 1
  Tel. 0 77 31/9 90 70
  www.hotel-hohentwiel.de

**Casa de España** €€
Leckere spanische Gerichte mit vielsei-
tigen Tapas-Variationen.
• Hohgarten 5
  Tel. 0 77 31/6 61 40
  www.cfe-inde.de

**Kreuz** €
Das älteste Gasthaus von Singen im
Kulturzentrum GEMS serviert mediter-
rane und vegetarische Spezialitäten.
So/Mo geschl.
• Mühlenstr. 13 | Tel. 0 77 31/6 72 22
  www.diegems.de

### Shopping

**Bauernhof Both**
Fleisch, Felle und Wolle von eigenen
Schafen, Saft und Wein vom Hohentwiel.
Mai–Sept.
• Domäne Hohentwiel
  Tel. 0 77 31/18 14 06

### Nightlife

**GEMS**
Das inoffizielle Kulturzentrum der Stadt
mit Konzerten, Kabarett, Kino etc.
• Mühlenstr. 13
  Tel. 0 77 31/6 75 78
  www.diegems.de

# Halbinsel
# Höri 7 ⭐ [C3]

Die Höri wurde im 19. Jh. von
Dichtern und Malern als Rückzugs-
gebiet entdeckt; mit dem waldrei-
chen Schienerberg und der Sicht auf
Bodanrück, Reichenau und Seerücken gilt die Halbinsel als eine der
schönsten Landschaften am Bodensee. Die einen suchten hier die länd-
liche Idylle, andere wie Otto Dix
gingen in die innere Emigration.
Dieser kommentierte die Landschaft mit: »Ein schönes Paradies.
Zum Kotzen schön!«, nachdem er
1933 aus Dresden auf die Höri ge-
kommen war und sich nun »verur-
teilt zur Landschaft« fand. Die
Halbinsel ist heute noch durch die
Landwirtschaft und die großen, unter Naturschutz stehenden Riedflä-
chen geprägt und touristisch wenig
erschlossen.

# Gaienhofen 8 [C3]

Die aus vier Dörfern bestehende
Gemeinde Gaienhofen (3300 Einw.)
umfasst den östlichen und zugleich
typischsten Teil der Höri, in dem
sich auch die wichtigsten Sehenswürdigkeiten finden.

Die spätgotische **Kirche St. Johann
und St. Veit** in Horn ist auch als Aussichtspunkt mit dem angeblich
schönsten Blick auf den Untersee
berühmt, der allerdings inzwischen
teilweise durch hohe Bäume ver-
deckt wird.

Das **Hesse Museum Gaienhofen**
präsentiert bildende Künstler und

Der Ausstellungsteil »Literaturlandschaft Höri« im Hesse Museum

Literaten auf der Höri sowie archäologische Funde aus der Jungsteinzeit (Kapellenstr. 8, D-78343 Gaienhofen, Tel. 0 77 35/44 09 49, Mitte März–Okt. Di–So 10–17, sonst Fr, Sa 14–17, So 10–17 Uhr, www.hesse-museum-gaienhofen.de).

In dem einzigen vom Dichter selbst gebauten **Wohnhaus,** das er mit seiner Familie von 1907–1912 bewohnte (Hermann-Hesse-Weg 2, Tel. 0 77 35/44 06 53, Besichtigung nur nach Voranmeldung, www.hermann-hesse-haus.de), und im **Otto-Dix-Haus** (Otto-Dix-Weg 6, Gaienhofen-Hemmenhofen, Tel. 0 77 35/93 71 60, Ende März–Okt. tgl. außer Mo 11–18 Uhr, www.otto-dix-haus.com) sind Museen eingerichtet worden, die an die Höri-Maler Otto Dix, Erich Heckel, Helmut Macke und Max Ackermann sowie an die Schriftsteller Hermann Hesse und Ludwig Finckh erinnern.

### Info

**Kultur- und Gästebüro**
• Im Kohlgarten 1
  D-78343 Gaienhofen

Tel. 0 77 35/8 18-23
www.gaienhofen.de

### Hotel

**Hoeri am Bodensee** €€
Großzügige Anlage am See, teils modern-elegante, teils romantische Zimmer; umfangreiches Wellnessangebot.
• Uferstr. 20–23
  78343 Gaienhofen-Hemmenhofen
  Tel. 0 77 35/8 11-0
  www.hoeri-am-bodensee.de

### Camping

**Campingdorf Horn**
Gut ausgestatteter Platz mit Badestrand, der durch seine Umweltschutzmaßnahmen vorbildlich ist. Nov.–März geschl.
• Strandweg 3–18
  78343 Gaienhofen-Horn
  Tel. 0 77 35/6 85
  www.campingplatz-horn.de

### Restaurants

**Hirschen** €
Hausgemachte Spezialitäten in heimeligem Gasthof mit rustikaler Stube und hübschem Garten; Do Musikabende.

• Kirchgasse 1 | 78343 Gaienhofen-Horn
Tel. 0 77 35/93 38-511
www.hotelhirschen-bodensee.de

**Schlössli** €
Breites kulinarisches Angebot und einfache Gerichte im Biergarten; regelmäßig
abends Konzert-Menüs. Mo geschl.

• Hornstaader Str. 43
78343 Gaienhofen-Horn
Tel. 0 77 35/20 41
www.schloessli-horn.de

# Stein am Rhein 9 ⭐ [C3]

Mit seinen Wehrtürmen, die Über-
bleibsel der Stadtbefestigung sind,
und Fachwerkhäusern mit Erkern

Das mittelalterliche Stein am Rhein

und Fassadenbemalung bietet Stein
am Rhein (3400 Einw.) das weitgehend intakte Bild eines mittelalterlichen Marktstädtchens. **50 Dinge**
㉒ › **S. 14.** Im Stadtteil Burg links des
Rheins sind Reste des Römerkastells
Tasgaetium erhalten. Im Norden
thront über der Stadt die um 1200
errichtete, komplett renovierte **Burg
Hohenklingen** (Hohenklingenstr. 1,
CH-8260 Stein am Rhein, Tel.
052 741 21 37, www.burghohenklin
gen.com). An das Rheinufer grenzt
die 1526 aufgehobene Benediktinerabtei **St. Georgen,** deren Kirche, eine
flach gedeckte Säulenbasilika, aus
romanischer Zeit stammt (11. Jh.).
Die im spätmittelalterlichen Stil
eingerichteten Räume sind heute
ein Museum, das Einblicke in das
damalige Klosterleben vermittelt
(Fischmarkt, Tel. 052 741 21 42, April–Okt. tgl. außer Mo 10–17 Uhr,
www.klostersanktgeorgen.ch). Das
**Museum Lindwurm** zeigt in einem
Herrenhaus (13.–19. Jh.) die bürgerliche Wohnkultur und im Hin-
terhaus das bäuerliche Leben des
19. Jhs. (Understadt 18, Tel. 052
741 25 12, März–Okt. tgl. 10–17
Uhr, www.museum-lindwurm.ch).

## Info
**Tourismus Stein am Rhein**
• Oberstadt 3 | CH-8260 Stein am Rhein
Tel. 052 742 20 90
www.tourismus.steinamrhein.ch

## Hotels
**Rheinfels** €€
Vornehmes Hotel in einem historischen
Kornspeicher; einige Zimmer liegen
direkt über dem Rhein.

• Rhygasse 8 | Tel. 052 741 21 44
www.rheinfels.ch

**Schiff** €
Kleines Hotel im Eckhaus an der Schiff-
lände mit günstigem Restaurant (in der
Nebensaison Do geschl.).
• Schifflände 10 | Tel. 052 741 22 73
www.hotel-restaurant-schiff.ch

**Restaurants/Café**
**Ilge** €€
Herzliche Gastfreundschaft und mediterrane sowie traditionelle Gerichte aus frischen Zutaten von einem der beliebtesten Restaurants in Stein am Rhein.
• Rathausplatz 14 | Tel. 052 741 2272
www.ilgesteinamrhein.ch

**Zum Rothen Ochsen** €€
Weinstube und Gasthaus seit dem
15. Jh., an der Fassade Wandbild von
1605. Di geschl.
• Rathausplatz 9 | Tel. 052 741 23 28
www.rotherochsen.ch

**Kafi und me** €
Liebevoll gestaltetes Café mit edlen Kaf-
feesorten, erlesenen Tees und feinen,
hausgemachten Torten. Mo/Di geschl.
• Understadt 13 | Tel. 052 558 20 45
www.kafiundme.ch

# Insel Werd 10 [C3]

Der Bodensee heißt ab der Brücke
von Stein am Rhein wieder Rhein.
Vor dieser Brücke ragt aus dem letzten Flachwasser des Bodensees die
knapp 1,6 ha kleine Insel Werd mit
reichem Baumbestand heraus, die
über eine 125 m lange Holzbrücke
mit der Gemeinde Eschenz am Süd-

ufer verbunden ist. **50 Dinge** ⑨
› **S. 13**. Die Geschichte der reizvollen Insel reicht bis zu den Pfahlbau-
ern 5000 v. Chr. zurück. Die umge-
benden, noch kleineren Inseln sind
nicht bewohnt.

Auf der etwa 100 m breiten und
200 m langen Insel steht das Kloster
Werd mit seiner Wallfahrtskapelle
**St. Otmar** (11./15. Jh.), deren Glocke
aus dem 13. Jh. als eine der ältesten
aktiven Glocken der Schweiz noch
immer funktioniert. Die Insel gehört zwar den Benediktinern, sie
haben Werd jedoch an Franziska-
nermönche verpachtet. Das Kloster
wurde zu Ehren des ersten Abts des
St. Galler Klosters Otmar benannt,
der im 8. Jh. auf die Insel verbannt
und im Jahre 864 heiliggesprochen
worden war (www.franciscan.ch).

# Schaffhausen 11 [A3]

Die knapp 1000 Jahre alte Stadt mit
35 600 Einwohnern und 171 Erkern
verdankt ihre Entstehung und frühere Bedeutung als Handelsstadt
dem Rheinfall › **S. 74**, da hier die
auf dem Rhein transportierten
Waren für eine kurze Strecke auf
Wagen umgeladen werden mussten.
Schaffhausen liegt nördlich des
Rheins, wo geografisch eigentlich
schon Deutschland sein müsste,
doch schlossen sich die Bewohner
nach dem Schwabenkrieg der Eid-
genossenschaft an (1501).

Wahrzeichen der Stadt ist der
**Munot**, eine im 16. Jh. nach der Fes-
tungstheorie Albrecht Dürers erbaute Zirkularfestung (Munotstieg
17, CH-8201 Schaffhausen Tel. 052

625 42 25, Mai–Sept. tgl. 8–20, Okt. bis April 9–17 Uhr, www.munot.ch).

Der Mittelpunkt des belebten Städtchens ist der brunnenge-schmückte **Fronwagplatz**. Hier be-ginnen die drei schönsten Straßen: nach Westen die kurze Oberstadt zum Obertor (13. Jh.), nach Norden die Vorstadt, an der zahlreiche erkergeschmückte Bürgerhäuser lie-gen, und nach Osten die Vorder-gasse. An ihr stehen rechter Hand das **Rathaus** (15. Jh.) und das **Haus zum Ritter**, dessen Fassadenmalerei-en der in Schaffhausen geborene Künstler Tobias Stimmer (1539 bis 1584) im Jahr 1570 vollendete.

Am Münsterplatz erhebt sich das romanische **Münster** (1150), eine flach gedeckte Säulenbasilika mit Querhaus und fünfgeschossigem Glockenturm. In den angrenzenden ehemaligen Abteigebäuden ist das **Museum zu Allerheiligen** eingerich-tet, das auch die weltliche regionale Geschichte darstellt (Klosterstr. 16, Tel. 052 633 07 77, tgl. außer Mo 11–17 Uhr, www.allerheiligen.ch).

### Info

**Schaffhauserland Tourismus**
• Herrenacker 15
  CH-8201 Schaffhausen
  Tel. 052 632 40 20
  www.schaffhauserland.ch

### Hotels

**Park Villa** €€–€€€
Historisches Hotel mit romantischem Ambiente, Wintergarten und schönem Garten.
• Parkstr. 18 | Tel. 052 635 60 60
  www.parkvilla.ch

**Rüden** €€
Das Nichtraucherhotel mit modernem Design entstand 1783 als Zunfthaus.
• Oberstadt 20 | Tel. 052 632 36 36
  www.rueden.ch

### Restaurants

**Sommerlust** €€–€€€
Beliebtes Kulturrestaurant mit saisona-ler Küche inmitten eines Lustgartens – häufig mit Jazzmusik. Mo geschl.
• Rheinhaldenstr. 8 | Tel. 052 630 00 60
  www.sommerlust.ch

**Güterhof** €€
Das einstige Salzlager direkt am Rhein hat sich in einen beliebten Hotspot für kulinarische Erlebnisse als Café, Lounge, Restaurant und Sushi-Bar verwandelt.
• Freier Platz 10 | Tel. 052 630 40 40
  www.gueterhof.ch

**Wirtschaft zum Frieden** €€
Das älteste Restaurant von Schaff-hausen aus dem Jahre 1445 serviert vor allem regionale Küche mit fran-zösischem Einschlag. So/Mo geschl.
• Herrenacker 11 | Tel. 052 625 47 67
  www.wirtschaft-frieden.ch

# Rheinfall 12 ⭐ [A3]

Unweit von Schaffhausen stürzt der Rhein bei Neuhausen in einer Breite von etwa 150 m über eine 23 m hohe Schwelle aus Jurakalk herab – ein grandioses Schauspiel, vor allem zur Zeit der Schneeschmelze in den Alpen. Das Alter des Rheinfalls schätzen Experten auf 15 000 Jahre.

Den besten Überblick über das ganze Schauspiel hat man vom **Schlössli Wörth**, wogegen die Aus-

Der Rheinfall bei Schaffhausen ist Europas größter Wasserfall

sichtspunkte am linken Ufer näher an die brausende Gischt heranführen. Der ausgeschilderte Rheinuferweg führt vom Schlössli Wörth den Uferweg entlang über die 192 m lange Eisenbahnbrücke zum neu renovierten **Schloss Laufen** und über eine südliche Rheinüberquerung wieder zurück.

### Info
**Tourismus Neuhausen**
- CH-8212 Neuhausen am Rheinfall
  Tel. 052 620 49 11
  www.rheinfall.ch

# Kartause Ittingen  [C4]

Die Kartause wurde 1150 als Augustinerkloster gegründet und im 15. Jh. von aus Slowenien geflohenen Kartäusern gekauft. Im 19. Jh. erfolgte die Umwandlung in einen Gutshof, der 1977 von einer Stiftung übernommen wurde. Sie führt den Gutsbetrieb mit **2** zwei Hotels (€€), Restaurant, Kulturzentrum, Landwirtschaft, Weinbau, Brauerei und Käserei sowie einer evangelischen Begegnungsstätte weiter. Die hochwertigen Produkte werden im eigenen Laden angeboten.

In den Klostergebäuden fanden das **Kunstmuseum des Kantons Thurgau** mit Schwerpunkt auf moderner bzw. zeitgenössischer Kunst sowie das **Ittinger Museum** mit Schaustücken zur Klostergeschichte und zum Leben der Kartäuser schöne Räumlichkeiten (Tel. 058 345 10 60, Mai–Sept. tgl. 11–18, Okt.–April Mo–Fr 14–17, Sa/So 11–17 Uhr, www.kunstmuseum.ch).

### Info
**Stiftung Kartause Ittingen**
- CH-8532 Warth | Tel. 052 748 44 11
  www.kartause.ch

# Ermatingen 14 [D3]

Im bereits im Jahr 724 erstmals er-
wähnten Fischer- und Winzerdorf
Ermatingen (3200 Einw.) steht eine
Reihe von Fachwerkhäusern, die
nicht nur wegen ihrer Architektur,
sondern auch durch die Sinnsprü-
che interessant sind, mit denen die
Balken verziert wurden.

Die »paritätische« Kirche **St. Al-
bin** aus dem 15. Jh. wird wie einige
andere Gotteshäuser im Thurgau
seit der Zeit der Reformation von
den beiden großen Konfessionen
gemeinsam genutzt.

Oberhalb von Ermatingen liegt
**Schloss Arenenberg** mit seinem Na-
poleonmuseum (Arenenberg, CH-
8268 Salenstein, Tel. 058 345 74 10,
April–Okt. tgl. 10–17, Nov.–März
tgl. außer Mo 10–17 Uhr, www.
napoleonmuseum.tg.ch). Es stammt
aus dem 16. Jh. und war ab 1817
Wohnsitz von Hortense de Beau-
harnais, der Stieftochter Napoléon
Bonapartes und Mutter von Louis
Napoléon (dem späteren Kaiser Napoléon III.).

## Info

**Tourist Information**
• Bahnhof | CH-8272 Ermatingen
  Tel. 071 664 19 09
  www.ermatingen-tourismus.ch

## Hotels/Restaurants

**Adler** €€–€€€
Das Gasthaus mit hervorragender Küche
(Mo/Di geschl.) ist eine der ältesten Her-
bergen der Schweiz. Heute sind die Gästezimmer nebenan im Neubau.
• Fruthwilerstr. 2 | Tel. 071 664 11 33
  www.adler-ermatingen.ch

**Hecht** €€
Das Hotelrestaurant serviert saisonale
Spezialitäten in holzvertäfelter Gast-
stube (Mo/Di geschl.) und bietet ruhige
Zimmer der Mittelklasse.
• Schifffländestr. 25 | Tel. 071 664 16 15
  www.hecht-ermatingen.ch

# Gottlieben 15 [D3]

Das 300-Seelen-Dorf am Seerhein
westlich von Konstanz ist mit einer
Fläche von 0,33 km² die kleinste
Gemeinde der Schweiz; außer dem

---

**SEITENBLICK**

#### Die Ermatinger Groppenfasnacht

Der am 29. Mai 1415 vom Konstanzer Konzil als unwürdig abgesetzte Gegen-
papst Johannes XXIII. stiftete den Ermatingern ihre Groppenfasnacht, die »späteste
te Fasnacht der Welt«. Der Gefangenschaft und einem befürchteten Ende auf dem
Scheiterhaufen entging der von den Chronisten als Lebemann geschilderte Nea-
politaner durch rechtzeitige Flucht, auf der ihn die Ermatinger mit Wein, Brot und
eben Groppen bewirteten, kleinen, heute nahezu verschwundenen Unterseefischen.
Die Ermatinger Groppenfasnacht wird zum Gedenken daran alle drei Jahre (2016,
2019 etc.) am Sonntag Laetare, drei Wochen vor Ostern, mit einem prächtigen
und fantasievollen Umzug gefeiert. Zum 600-jährigen Jubiläum findet der nächste
Umzug aber bereits am 15. März 2015 statt (www.groppenfasnacht.ch).

Das für Besucher nicht zugängliche Schloss Gottlieben befindet sich in Privatbesitz

Dorf selbst gehört nur noch ein kleines Stück Ried zur Gemarkung. Die Konstanzer Bischöfe ließen hier 1251 eine **Wasserburg** errichten, in der zur Zeit des Konzils Jan Hus, Hieronymus von Prag und einer der drei konkurrierenden Päpste gefangen gehalten wurden. Seine neugotische Gestalt bekam das nicht zugängliche Schloss in der Zeit Louis Napoléons (dem späteren Napoléon III.), der es 1836 gekauft hatte.

Das Dorf selbst gilt wegen seiner Fachwerkhäuser (schweizerisch Riegelhäuser) als eines der schönsten der Schweiz. **50 Dinge** ㉘ › **S. 15.**

Unbedingt probieren sollten Sie die hiesige Gebäckspezialität **Gottlieber Hüppen** aus dem Manufakturladen beim Seecafé am Rhein (www.gottlieber.ch). **50 Dinge** ㉟ › **S. 16.**

## Info
### Gemeindeverwaltung
• Kirchstr. 11 | CH-8274 Gottlieben

Tel. 071 669 12 82
www.gottlieben.ch

## Hotel/Restaurant
**Drachenburg & Waaghaus** €€€
Zwei sich gegenüberliegende Häuser aus dem 17. Jh. mit fast identischer Speisekarte, wobei das Waaghaus die schönere Aussicht auf den Seerhein bietet. ❗ Romantik pur findet man in den Hotelzimmern der Drachenburg.
• Am Schlosspark 7+10
Tel. 071 666 74 74
www.drachenburg.ch

## Shopping
### Handbuchbinderei Merten
Im historischen Bodman-Haus bindet Sandra Merten nach traditioneller Buchbinderkunst alte und neue Bücher; Verkauf z. B. von handgebundenen Tagebüchern. Kurse meist am Samstag.
• Am Dorfplatz 1
Tel. 071 669 28 47
www.handbuchbinderei-merten.ch

# SCHWEIZER SEEUFER

## Kleine Inspiration

- **Die schlosseigenen Weine im Hagenwil probieren** bei einem romantischen Dinner › S. 85
- **Badekultur am Bodensee erleben** in der historischen Badehütte von Rorschach › S. 87
- **Eine Musical-Aufführung im Theater St. Gallen besuchen** und sich vom ausgezeichneten Ruf dieses Hauses überzeugen › S. 90
- **Dem wechselvollen Leben nachspüren** des visionären Gründers des Rotes Kreuzes im Henry-Dunant-Museum in Heiden › S. 92
- **Die Rosengärten entdecken** in Bischofszell › S. 96

**Am Südufer des Obersees geht es eher gelassen zu. Im Hinterland liegt die ostschweizerische Metropole St. Gallen und über dem kleinen Kanton Appenzell ragt der 2502 m hohe Säntis auf.**

Das Schweizer Seeufer des Obersees erstreckt sich praktisch über die gesamte Südseite des größten Teilgebiets des Bodensees. Die am Ufer verlaufende Nationalstraße Nr. 13 verbindet Kreuzlingen mit dem Fährhafen Romanshorn sowie weiter östlich Arbon und Rorschach. Die Orte am Schweizer Ufer sind zwar touristisch weniger bedeutend als ihre Pendants auf der deutschen Seite, dafür sind sie weniger überlaufen und strahlen einen ganz eigenen Reiz aus. Im Hinterland, überragt vom Säntis, dem höchsten Berg des Bodenseegebiets, gibt es interessante Orte zu entdecken, etwa das volkstümliche Käseparadies Appenzell und den Kurort Heiden – nicht zu vergessen das Weltkulturerbe des Stiftsbezirks in der ostschweizerischen Metropole St. Gallen.

# Touren in der Region

 **Ins Appen-
zellerland**

**Route: Rorschach › St. Gallen › Appenzell › Säntis › Herisau › Rorschach**

**Karte:** Seite 80
**Dauer:** 1–2 Tage, knapp 100 km
**Praktische Hinweise:**
• Diese Tour ist als Rundfahrt mit dem Auto konzipiert, kann bei guter Kondition aber auch mit dem Fahrrad unternommen werden. Mit dem Auto ist sie je nach Interesse und Zeit auch an einem Tag zu schaffen, für die gemächlichere Variante sollte man eine Übernachtung in Appenzell einplanen.

**Tour-Start:**
Von **Rorschach** 4 › S. 86 geht es zunächst nach **St. Gallen** 6 › S. 80, die größte Stadt der südlichen Bodenseeregion mit ihrem Stiftsbezirk › S. 89, der zum UNESCO-Weltkulturerbe gehört. Nach dem Mittagessen, zum Beispiel in einer der typischen »Erst-Stock-Beizlis« › S. 91, führt die Tour nach **Appenzell** 8 › S. 93, einem Stück Bilderbuchschweiz und Aushängeschild der Schweizer Basisdemokratie in reizvollem Umland.

Am nächsten Tag führt die Tour zunächst hinauf zur Schwägalp, wo die Schwebebahn auf den **Säntis** 9

Blick über das Städtchen Arbon mit seiner hübscher Altstadt und seinem rund 3 km langen Seeuferweg

› S. 95 ihre Talstation hat. Die Aussicht von dem mit 2502 m höchsten Berg der Bodenseeregion ist bei klarem Wetter einfach überwältigend. Auf der Rückfahrt steht noch die Besichtigung der reizvollen Altstadt von **Herisau** 10 › S. 95 auf dem Programm, bevor es über St. Gallen wieder ans Seeufer nach Rorschach geht.

 # Mit Witz zum Fünfländerblick

**Route: Rorschach › Rheineck › Walzenhausen › Heiden › Fünfländerblick › Rorschach**

**Karte:** Seite 80
**Dauer:** 2-Tages-Wanderung, 19 km
**Praktische Hinweise:**
• Diese Wanderung kombiniert den bekannten Witzwanderweg von Rheineck über Heiden nach Rorschach mit dem Fünfländerblick, daher wird eine Übernachtung in Heiden eingelegt.
• Die Anreise erfolgt mit Schiff und Bahn.

## Tour-Start:

Von **Rorschach** 4 › S. 86 aus geht es zunächst mit dem Schiff auf einer einstündigen Fahrt um Altenrhein und Rheinspitz herum nach Rheineck. Dort steigt man auf die Zahnradbahn um, die in den Luftkurort Walzenhausen auf 673 m Höhe führt. Hier beginnt der gelb ausgeschilderte Witzweg › S. 92 mit

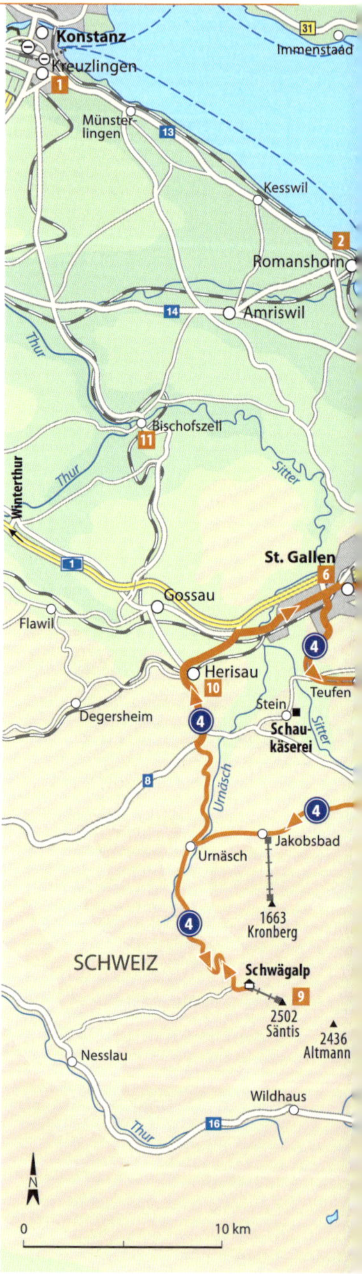

## Touren am Schweizer und österreichischen Seeufer

**Tour ④**   Ins Appenzellerland
Rorschach › St. Gallen › Appenzell › Säntis ›
Herisau › Rorschach

**Tour ⑤**   Mit Witz zum Fünfländerblick
Rorschach › Rheineck › Walzenhausen › Heiden ›
Fünfländerblick › Rorschach

**Tour ⑥**   Auf den Pfänder › S. 101
Bregenz › Pfänder › Hochberg › Lochau

**Tour ⑦**   Radtour ins Fürstentum › S. 101
Bregenz › Dornbirn › Feldkirch › Vaduz › Bregenz

80 Tafeln, die vom Humor des Appenzellervolks künden. Nachzweieinhalb bis drei Stunden wird der aus klassizistischen Häusern bestehende Molke-Kurort **Heiden** 7 › **S. 92** auf 800 m erreicht.

Am nächsten Tag lohnt eine Besichtigung des Henry-Dunant-Museums: Der Gründer des Roten Kreuzes verbrachte seine letzten 23 Jahre in Heiden. Die etwa dreistündige Wanderung hinunter zum See führt anschließend über den Panoramaweg zum Waldpark, an den gleichnamigen Orten Grub AR und Grub SG vorbei zum 899 m hoch gelegenen Fünfländerblick › **S. 93** und durch Waldgebiet via Rorschacherberg › **S. 87** zurück nach Rorschach.

# Unterwegs am Schweizer Seeufer

## Kreuzlingen 1 [D3]

Die Schweizer Nachbarstadt (21 600 Einw.) von Konstanz entstand erst 1928 als Zusammenschluss dreier Dörfer, deshalb gibt es keinen historischen Ortskern. Neben einigen Kirchen fällt im Stadtbild vor allem die Handvoll Schlösser auf, die z. T. in Hotels oder Restaurants umgewandelt wurden. In Schloss Girsberg verbrachte der legendäre Graf Zeppelin seine Jugend.

Kreuzlingens Ursprünge gehen allerdings ins 11. Jh. zurück, als um eines der vielen vorgeblichen Fragmente des Kreuzes Christi eine Augustinerabtei errichtet wurde. Nachdem diese zweimal zerstört worden war, wurde sie 1653 etwa 500 m weiter neu aufgebaut. Die von Weitem sichtbaren weißen Gebäude mit der ehemaligen **Stiftskirche St. Ulrich** entsprechen einfacher Barockarchitektur. Durch das perspektivisch gestaltete schmiedeeiserne Gitter der westlichen Seitenkapelle entdeckt man eine einzigartige Öl-bergszenerie, in der mit rund 300 aus Arvenholz (Zirbelkiefer) geschnitzten Figuren die Passion Christi nachgestellt wird.

Die beiden Straßen, die vor und nach den Stiftsgebäuden von der Hauptstraße links abzweigen, führen zur **Seeuferanlage**, dem vielleicht nicht schönsten, aber größten und vielseitigsten Park am Bodensee. Er umfasst ein breites Spektrum touristischer Einrichtungen, Natur- und Tierreservate, moderne und historische Baudenkmäler. Westlich der **Seeburg** schließen sich ein Heilpflanzengarten (geordnet nach den zu kurierenden Krankheiten) und ein Tierpark an.

In einem barocken Gebäude, früher Kornschütte und Weinkeller des Stifts, wurde das **Seemuseum** eingerichtet. Es zeigt Ausstellungen zu Gewässerschutz und Fischerei sowie zur Bodenseeschifffahrt (Seeweg 3, CH-8280 Kreuzlingen, Tel. 071 688 52 42, Juli–Sept. tgl. außer Mo 11–17, Okt.–Juni Mi, Sa/So 14 bis 17 Uhr, www.seemuseum.ch).

Sehenswert ist auch das erste **Planetarium** in der Bodenseeregion mit Volkssternwarte (Breitenrainstr. 21, Tel. 071 677 38 00, www.planetarium-kreuzlingen.ch, Öffnungszeiten siehe Webseite). Zwei Planetenwege von Breitenrain zur Bodensee-Therme nach Konstanz bzw. Siegershausen verdeutlichen die Distanzen des Sonnensystems.

## Info

**Kreuzlingen Tourismus**
• Hauptstr. 39 | CH-8280 Kreuzlingen
  Tel. 071 672 38 40
  www.kreuzlingen-tourismus.ch

## Unterkunft

**Hotel Bahnhof Post** €€
Traditionsreiches Hotel gegenüber dem Bahnhof mit guter Schweizer Küche.
• Nationalstr. 2 | Tel. 071 672 79 72
  www.hotel-bahnhof-post.ch

**Hotel Kreuzlingen** €€
Neu gebautes Hotel im Park beim Kreuzlinger Hafen mit modernen Zimmern.
• Seestr. 50 | Tel. 071 677 88 99
  www.hotel-kreuzlingen.ch

**Schlosshotel Brunegg** €–€€
In diesem Schlosshotel mit großzügigen Suiten schrieb Heinrich Hoffmann das Märchen vom Struwwelpeter. Highlight ist der Weinkeller aus dem 13. Jh.
• Schloss Brunegg | Girsbergstr.
  Tel. 071 672 36 36
  www.schloss-brunnegg.ch

**Jugendherberge** €
Die »Cecile« getaufte Villa Hörnliberg von 1896 dient mit ihren historischen Räumlichkeiten heute als Jugendher-

Die Seeburg von Kreuzlingen

berge, hat sich ihren alten Geist aber bewahren können.
• Promenadenstr. 7 | Tel. 071 688 26 63
  www.youthhostel.ch/kreuzlingen

## Restaurants

**Fischerhaus** €€€
Das gemütliche Lokal mit großem Biergarten und Sicht auf die Konstanzer Bucht serviert mediterran angehauchte Gerichte. Der Fisch ist fangfrisch.
• Promenadenstr. 52
  Tel. 071 688 18 77
  www.fischerhaus.ch

**Schloss Seeburg** €€€
Gehobene Gastronomie aus regionalen Zutaten im Schloss aus dem 17. bis 19. Jh. bei traumhafter Aussicht auf Park und See. Mo/Di geschl., Juli/Aug. tgl. geöffnet.
• Seeweg 5 | Tel. 071 688 40 40
  www.schloss-seeburg.ch

**Restaurant Grödeli** €€
In einem alten Fachwerkhaus von 1610 begeistert das Grödeli vor allem mit leckerem Cordon Bleu und Grillspezialitä-

ten. Mo/Di geschl., sonst nur abends geöffnet.
• Konstanzerstr. 58 | Tel. 071 672 43 62
  www.grödeli.ch

**La Taverna** €€
Die bei Einheimischen beliebte Taverne hat sich zu einer der bekanntesten Adressen für gute Pizza und Pasta gemausert. So/Mo geschl.
• Im grünen Hof 8 | Tel. 071 672 22 52
  www.lataverna.ch

## Shopping
**Chocolat Bernrain**
Fabrikverkauf von Schoki-Spezialitäten. Sa/So geschl. **50 Dinge** ③⑧ › S. 16.
• Bündtstr. 12 | Tel. 071 677 97 77
  www.swisschocolate.ch

**Outlet Kreuzlingen**
Günstiges Factory Outlet Center der Marken Strellson, Tommy Hilfiger Tailored, Joop und Windsor im östlichen Industriegebiet von Kreuzlingen. Mo–Fr 10–19, Sa 9–18 Uhr.
• Sonnenwiesenstr. 21
  Tel. 071 686 33 27
  www.outlet-kreuzlingen.com

**Urs Portmann**
Renommiertes Zigarrenfachgeschäft mit begehbarem Humidor. So/Mo geschl.
• Konstanzer Str. 6 | Tel. 071 672 57 09
  www.portmanntabak.ch

## Nightlife
**Metropol Bar**
Das schon morgens geöffnete Café wandelt sich abends in eine Szene-Bar mit umfangreicher Cocktailkarte.
• Bachstr. 8 | Tel. 071 672 56 52
  www.metropol-bar.ch

# Romanshorn ② [E4]

Die Hafenstadt Romanshorn (10 800 Einw.) entwickelte sich dank der 1855 eröffneten Fähre, die bis 1976 auch Eisenbahnwaggons transportierte, zu einem bedeutenden Verkehrsknotenpunkt. Heute besitzt Romanshorn den größten Schiffs- und Jachthafen am See. Die großen Lagerhäuser an der südlichen Hafenmauer sind für einen Binnensee beeindruckende Denkmäler der Wirtschaftsgeschichte.

## Info
**Tourist Information**
• Bahnhofstr. 19
  CH-8590 Romanshorn
  Tel. 071 463 32 32
  www.romanshorn.ch

## Hotel
**Mammertsberg** €€€
Auf einer Anhöhe außerhalb von Romanshorn zelebriert das 100-jährige Kleinhotel mit sechs Gästezimmern, Panoramagarten und Lounge leichte Gourmetküche. Restaurant Mo/Di geschl.
• Bahnhofstr. 28
  CH-9306 Freidorf
  Tel. 071 455 28 28
  www.mammertsberg.ch

**Anker** €–€€
Klassisches Mittelklassehotel mit einfachem Restaurant, insbesondere für Familien mit Kindern und für Wanderer geeignet.
• Neustr. 6
  Tel. 071 463 17 32
  www.hotelanker-romanshorn.ch

## Restaurants
### Schiff €€
Traditionsgasthaus am Fähranleger in einem prächtigen Riegelhaus aus der Mitte des 18. Jhs. mit »währschafter« (deftiger) Küche. Mo geschl.
- Hafenstr. 25 | Tel. 071 463 34 74
  www.schiff-romanshorn.ch

### Wasserschloss Hagenwil €€
Ein Dinner zu zweit im Biedermeier- restaurant des 800 Jahre alten Wasser- schlosses, 10 km landeinwärts von Romanshorn, ❗ ist ein romantisches Erlebnis. Di abends/Mi geschl.
- Schloss-Str. 1
  CH-8580 Hagenwil bei Amriswil
  Tel. 071 411 19 13
  www.schloss-hagenwil.ch

### Waldschenke €
Die Vesperstation inmitten des Romans- horner Waldes bietet in der Sommerzeit (April–Sept.) einfache Gerichte.
- Romanshorner Wald
  Tel. 071 461 27 64
  www.waldschenke-romanshorn.ch

## Shopping
### Antikpalast
Das hellgrüne Haus an der National- straße zwischen Romanshorn und Arbon fällt sofort auf – es ist mit ❗ Antiquitä- ten nur so vollgestopft, die aber thema- tisch sortiert sind. Do/Fr 13.30–18.30, Sa 10–17 Uhr.
- Buch 31 | CH-9322 Egnach
  Tel. 071 470 05 01
  www.antikpalast.ch

### Käserei Wüthrich
Die Dorfkäserei in Steinebrunn fällt v. a. durch den 25 m hohen, wie ein Emmen-

Der Storchenplatz in der Altstadt von Arbon

taler angestrichenen Getreidesilo auf. Beliebt sind die »Thurgauer Chäslöcher« genannten Käsekugeln en miniature und der entsprechende »Chästurm«. Di/Do 18–19, Sa 8.30–11 Uhr.
- Amriswilerstr. 80
  CH-9314 Steinebrunn
  Tel. 071 477 20 80

# Arbon 3 [F4]

Die heutige kleine Industriestadt (14 300 Einw.) wurde von den Rö- mern als »Arbor felix« (glücklicher Baum) gegründet und war später eine Station des irischen Missionars Gallus auf seinem Weg nach St. Gal- len. Der Mönch hinterließ hier eine Fußspur, die an einem Stein an der romanischen **Galluskapelle** (Fres- ken aus dem 14. Jh.) zu sehen ist. Die Römer waren allerdings nicht die ersten Bewohner, denn vor 5500 Jahren wurden hier bereits Pfahlbauten errichtet. Der Nachbau eines Hauses aus der steinzeitlichen Siedlung Arbon-Bleiche III befindet sich im Pfahlbaumuseum Unteruhl- dingen › **S. 137.**

Das **Schloss** von 1520 mit Turm aus dem 13. Jh. beherbergt neben der städtischen Galerie das **Historische Museum,** das sich der Stadtgeschichte widmet (Schlossgasse, CH-9320 Arbon, Tel. 071 446 10 58, Mai–Sept. tgl. außer Mo 14–17, März/April und Okt./Nov. So 14 bis 17 Uhr, www.museum-arbon.ch).

Aus seiner industriellen Blütezeit besitzt Arbon einen 1927 im historisierenden Stil erbauten Wasserturm (inkl. kleiner Bar mit schöner Aussicht), mehrere Jugendstilhäuser und hübsche Fassaden am Fischmarktplatz. Bis in die 1980er-Jahre wurden in Arbon auch Lkws gebaut, die heute im **Saurer Museum** besichtigt werden können (Weitegasse 8, Tel. 071 243 57 57, tgl. 10 bis 18 Uhr, www.saurermuseum.ch).

### Info

**Arbon Tourismus**
• Schmiedgasse 5 | CH-9320 Arbon
  Tel. 071 447 13 80
  www.arbontourismus.ch

### Hotel

**Römerhof** €€
Zehn charmante Zimmer im Riegelhaus (schweizerisch für Fachwerkhaus) des historischen Römerhofs über der seit über 100 Jahren geführten Wirtschaft »Zum Römerhof« (So/Mo geschl.).
• Freiheitsgasse 3 | Tel. 071 447 30 30
  www.roemerhof-arbon.ch

### Restaurant

**Gasthof Brauerei Frohsinn** €€
Drei Gasträume stehen in dem alten Fachwerkhaus zur Wahl: italienisch, elegant und rustikal im hohen Gewölbekeller. Die hauseigene kleine Brauerei produziert gelegentlich auch ein süffiges Honigbier.
• Romanshornerstr. 15
  Tel. 071 447 84 84
  www.frohsinn-arbon.ch

### Shopping

**Mosterei Möhl**
In der Apfelregion sollte man sich die Mosterei mit kleinem Museum anschauen und die Säfte kosten. So geschl.
• St. Gallerstr. 13 | Tel. 071 447 40 74
  www.moehl.ch

# Rorschach 4 [F5]

Rorschach (9200 Einw.) entstand im 7. Jh. als alemannische Siedlung und entwickelte sich schnell zu einer wichtigen Hafenstadt für den Handel zwischen Oberschwaben einerseits sowie Italien und St. Gallen andererseits. An herausragender Stelle am Hafen steht das große frühere **Kornhaus** aus dem 18. Jh., das als schönster barocker Kornspeicher der Schweiz gilt und auf seine Bestimmung durch Füllhörner und Getreideähren an den Giebeln hinweist. Seit 1935 ist darin ein Museum mit vor- und frühgeschichtlichen sowie stadtgeschichtlichen Abteilungen untergebracht (Hauptstr. 58, CH-9400 Rorschach, Tel. 071 841 40 62, April–Okt. tgl. 10 bis 17 Uhr, sonst ab 10 Personen nach Voranmeldung, www.museum-rorschach.ch). Etwas älter als das Kornhaus sind die reich verzierten Häuser an der Hauptstraße, die im 17./18. Jh. für Textilfabrikanten und andere wohlhabende Bürger erbaut

Nostalgiebad im Bodensee: die Badhütte Rorschach

wurden. Westlich des Zentrums steht auf Pfählen vor dem Ufer eine der letzten alten **Badeanstalten,** wie es sie um 1900 in allen Fremdenverkehrsorten rund um den Bodensee gab › **Special S. 98.**

Die von Rorschach unabhängige Nachbargemeinde **Rorschacherberg** (7200 Einw.) liegt oberhalb von Rorschach auf einem Hang mit Seesicht, daher entstanden dort gleich vier Schlösser und einige prächtige Villen, die heute z. T. Hotels bergen.

### Info
**Tourist Information**
• Hauptstr. 56 | CH-9401 Rorschach
  Tel. 071 841 70 34
  www.tourist-rorschach.ch

### Hotels
**Schloss Wartegg** €€–€€€
Das Mitglied der »Swiss Historic Hotels« geht auf das 16. Jh. zurück und ist programmatisch auf Erholung, Seminare, Musik und Kinder ausgerichtet. ❗ Die eleganten Zimmer bieten eine schöne Aussicht auf den Park und die Schweizer Seite des Bodensees.

• Von-Blarer-Weg 1
  CH-9404 Rorschacherberg
  Tel. 071 858 62 62 | www.wartegg.ch

**Schloss-Hotel Wartensee** €€–€€€
Einmalige Panoramalage hoch über dem Bodensee inmitten einer großzügig angelegten Parkanlage.
• Wartensee 1
  CH-9404 Rorschacherberg
  Tel. 071 858 73 73
  www.wartensee.ch

**Mozart** €€
Kleineres Hotel direkt im Hafenzentrum mit Jugendstilrestaurant, das sich auf Bodenseefisch und vegetarische Gerichte spezialisiert hat.
• Hauptstr. 82 | CH-9400 Rorschach
  Tel. 071 844 47 47
  www.mozart-rorschach.ch

### Restaurants
**Villa am See** €€€
Das Gourmetlokal in der klassizistischen Villa im idyllischen Park am Seeufer, etwas westlich vom Rorschacher Zentrum, wurde mit 15 Gault-Millau-Punkten bedacht. Mo/Di geschl.

• Seestr. 64 | CH-9403 Goldach
Tel. 071 845 54 15
www.villa-am-see.ch

**Marktplätzli** €
Sympathische Cafébar am Marktplatz
mit günstigem Mittagstisch und der
Spezialität Flammkuchen. So geschl.
• Marktplatz 7 | CH-9400 Rorschach
Tel. 071 845 37 22
www.marktplaetzli.ch

## Altenrhein 5 [F5]

Vor der Grenze zu Österreich an der
Rheinspitz genannten Landzunge,
wo der Alte Rhein in den Bodensee
mündet, liegt ein kleines Naturschutzgebiet und das frühere Fischerdorf Altenrhein (heute zur
Gemeinde Thal gehörig). Einst trat
der Alte Rhein hier regelmäßig über
die Ufer, daher wurde er Anfang des
20. Jhs. weiter nördlich an den jetzi-
gen Mündungsort verlegt.

Zwischen Altenrhein und Rorschach steht die märchenhafte
**Markthalle** von Friedensreich Hundertwasser im geschwungen-far-
benfrohen Stil des Künstlers mit
vier weithin sichtbaren goldenen
Kuppeln (Knotternstr. 2, CH-9422
Staad, Tel. 071 855 81 85, April bis
Okt. tgl. 10–17.30, Nov.–März Sa,
So 13–17.30 Uhr, www.markthalle-
altenrhein.ch). **50 Dinge** 24 › **S. 15**.

Unübersehbar ist auch der südliche Bodensee-Flughafen St. Gal-
len-Altenrhein, der früher den
Dornier-Werken gehörte und heute
unter anderem von der People's
Viennaline mit einer Linie nach
Wien frequentiert wird. Auf dem
Gelände erfreuen sich Luftfahrtfans
am **Fliegermuseum Altenrhein** (Flug-
hafenstr. 11, CH-9423 Altenrhein,
Tel. 079 430 51 51, März–Okt. Sa,
So 13.30–17 Uhr, www.fliegermu
seum.ch).

### Restaurant

**Jägerhaus** €€
Mehrfach ausgezeichnetes Fischrestau-
rant mit hervorragend zubereiteten
Speisen aus regionalen Zutaten mit dem
Ambiente einer Gartenwirtschaft am
Jachthafen. Mi nachm. geschl.
• Hafenstr. 10 | CH-9423 Altenrhein
Tel. 071 855 17 77
www.jaegerhaus-altenrhein.ch

# Unterwegs im Hinterland

## St. Gallen 6 ★ [E5–F5]

Mit einer ebenso großen Vergangenheit wie Gegenwart als kulturelles Zentrum und mit einer über die
Landesgrenzen hinaus bedeutenden
Universität ist die nordostschweize-
rische Regionalmetropole St. Gallen
(75 500 Einw.) der Gegenpol zu
Konstanz. Aus der frühen Blütezeit
des Klosters sind kaum noch Steine
erhalten, aber umso mehr Bücher,
die in dem berühmten Bibliotheks-
saal zu sehen sind. Konstanz und St.
Gallen sind neben der alten Handels-
und Pilgerstraße auch durch

einige andere Gemeinsamkeiten verbunden (z. B. Oberschwäbische Barockstraße), in ihrer geschichtlichen Entwicklung unterscheiden sich die beiden aber deutlich.

## Stiftsbezirk Ⓐ ⭐

Aus der Mönchsklause des Gallus entwickelte sich das berühmte Kloster, das zwischen dem 9. und 11. Jh. eines der bedeutendsten Kulturzentren des Abendlandes war. Von einstiger Prachtentfaltung zeugt bis heute die Innenausstattung der äußerlich eher nüchternen **Stiftskirche** (1766), neben Einsiedeln der großartigste Barockbau der Schweiz.

Die Hauptsehenswürdigkeit des Klosters jedoch ist die **Stiftsbibliothek**. Der über zwei Stockwerke reichende Saal ist ein Juwel des Rokoko (1763); fast könnte man bei so viel Glanz die ausgestellten Kostbarkeiten übersehen, etwa den karolingischen Klosterplan von 820. Die Stiftsbibliothek besitzt eine der herausragendsten Handschriftensammlungen der Welt. Rund 400

Die Stiftsbibliothek von St. Gallen

der wertvollen Manuskripte stammen aus der Zeit vor dem Jahr 1000 (Klosterhof 6 d, CH-9004 St. Gallen, Barocksaal mit Ausstellung tgl. 10 bis 17 Uhr, www.stibi.ch).

## Vadiandenkmal Ⓑ und St. Mangen Ⓒ

Von der Kirche St. Laurenzen (spät- und neugotisch) führt die Marktgasse zum **Vadiandenkmal** für den Bürgermeister Joachim von Watt, unter dem die Reformation eingeführt wurde.

### Stadtgeschichte

Im wilden Tal der Steinach erbaute sich der irische Mönch Gallus im Jahr 612 eine Einsiedelei. Ein Bär soll ihm dabei geholfen haben – deshalb ist ein Bär das Wappentier der Stadt, die sich im 8.–10. Jh. als Handwerkersiedlung um die etwa 747 gegründete Benediktinerabtei entwickelte. 1457 wurde St. Gallen Freie Reichsstadt und löste sich endgültig vom Kloster, das nach der Reformation eine katholische Enklave in der reformierten Stadt wurde. Die Auswirkungen der Französischen Revolution zwangen den Konvent zum Verlassen der Benediktinerabtei, die 1805 aufgehoben wurde. Im 16.–18. Jh. kam St. Gallen durch Textilhandwerk und Textilhandel zu großem Wohlstand. Ab dem späten 18. Jh. schloss sich die Stickereiindustrie an, sodass die wirtschaftliche Entwicklung der Stadt ohne Unterbrechung in das Industriezeitalter übergehen konnte.

Die Kirche **St. Mangen** (um 1100, Turm von 1505) am nördlichen Ende der Altstadt zeigt die Kargheit protestantischer Gotteshäuser. Zu Füßen des Denkmals liegt der Marktplatz, auf dem italienische Händler mittwochs, freitags und samstags eine fast mediterrane Atmosphäre verbreiten.

## Museen

Gleich einige Museen haben St. Gallen zur wichtigsten Museumsstadt der Ostschweiz gemacht. Hinter der Tonhalle und dem modernen **Stadttheater,** in dem die besten Musicalproduktionen der Schweiz zu sehen sind (Museumsstr. 24, Tel. 071 242 06 06, www.theatersg.ch), befinden sich in der Museumstr. 32 im selben Gebäude das **Kunstmuseum** (Tel. 071 242 06 71, tgl. außer Mo 10–17, Mi bis 20 Uhr, www.kunstmuseumsg.ch) und das **Naturmuseum** (Tel. 071 242 06 70, tgl. außer Mo 10–17, Mi bis 20 Uhr, www.naturmuseumsg.ch), in Nr. 50 dann das **Historische und Völkerkundemuseum** (Tel. 071 242 06 42, tgl. außer Mo 10–17 Uhr, www.hmsg.ch) mit dem angeschlossenen Kirchhoferhaus. Das für die Handwerks- und Industriegeschichte der Stadt interessante **Textilmuseum** steht zwischen Kathedrale und Bahnhof etwas abseits (Vadianstr. 2, Tel. 071 222 17 44, tgl. 10–17 Uhr, www.textilmuseum.ch).

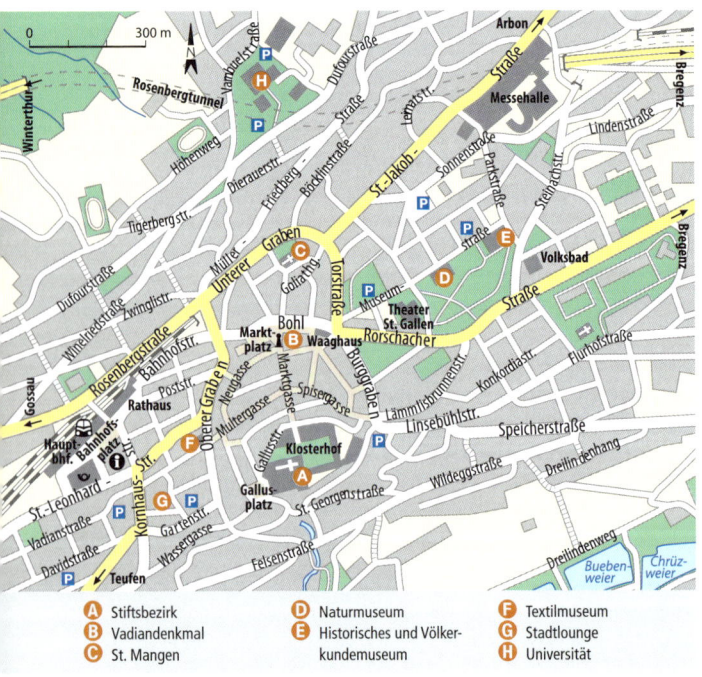

| | | |
|---|---|---|
| **A** Stiftsbezirk | **D** Naturmuseum | **F** Textilmuseum |
| **B** Vadiandenkmal | **E** Historisches und Völker- | **G** Stadtlounge |
| **C** St. Mangen | kundemuseum | **H** Universität |

## Banken- und Universitätsquartiere

Südlich der Museen liegt das einst etwas leblose Bankenviertel, das 2005 durch die **Stadtlounge** Ⓖ des Architekten Carlos Martinez und der Künstlerin Pipilotti Rist mit rotem Teppich und extravagantem Mobiliar zu einem Begegnungsraum umgestaltet wurde (www. sanktgallen.ch/stadtlounge).

Die **Universität** Ⓗ im Norden gleicht einem Museum moderner Kunst. Die Liste der Künstler, deren Gemälde, Mosaiken und Plastiken den Bau zieren, liest sich wie ein »Who is Who« der 1950er- und 1960er-Jahre: Alexander Calder, Georges Braque, Hans Arp …

## Messe

St. Gallen ist die Messehauptstadt der Ostschweiz. Die wichtigste Ausstellung ist die Ostschweizer Land- und Milchwirtschafts-Ausstellung (OLMA). Nach ihr wurde eine St. Galler Spezialität benannt: die OLMA-Bratwurst aus Schweine- und Kalbfleisch mit Speck, die übrigens ohne Senf verzehrt wird.

### Info

**St. Gallen-Bodensee Tourismus**
• Bahnhofplatz 1 a
CH-9001 St. Gallen
Tel. 071 227 37 37
www.st.gallen-bodensee.ch

### Hotels

**Einstein** €€€
Kleines Grandhotel in einem klassizistischen Gebäude. Stilvolles modernes, überwiegend helles Interieur.

• Berneggstr. 2 | CH-9000 St. Gallen
Tel. 071 227 55 55 | www.einstein.ch

**Dom** €€
Das ruhige Altstadthotel besitzt nicht nur sehr gute Behinderteneinrichtungen, sondern wird von einer sozialen Institution geführt, die Menschen mit leichter Behinderung anstellt.
• Webergasse 22 | CH-9001 St. Gallen
Tel. 071 227 71 71
www.hoteldom.ch

### Restaurants

**Lagerhaus** €€–€€€
Leckere Fleischgerichte vom Buchenholzgrill serviert das Restaurant im einstigen Zollfreilager im Industriedesign. Sa nur abends geöffnet, So/Mo geschl.
• Davidstr. 42 | CH-9000 St.Gallen
Tel. 071 223 70 07
www.restaurantlagerhaus.ch

**Netts Schützengarten** €€–€€€
Altmeister Köbi Nett und sein erfahrenes Küchenteam zaubern saisonale Gerichte in geschmackvollem Ambiente.

**SEITENBLICK**

### Bürgerhäuser

In der Altstadt stehen zahlreiche Bürgerhäuser diverser Stilrichtungen des 15. bis 19. Jhs., zu deren Besonderheit die vielen mit Schnitzereien verzierten Erker gehören. Die schönsten sind an den Häusern Zum Greif (Gallusstr. 22), Zum Pelikan (Schmiedgasse 15) und Zur Wahrheit (Gallusplatz 22) zu finden. Ein weiteres typisches Merkmal für St. Gallen sind die oft im Obergeschoss eingerichteten Restaurants (»Erst-Stock-Beizli«).

Dafür gab es 15 Punkte bei Gault Millau. So geschl.

• St. Jakobstr. 35 | CH-9004 St. Gallen
Tel. 071 242 66 77 | www.netts.ch

**Bierfalken** €€

Der Name täuscht: Der Falken ist keine typische Bierkneipe, sondern ein gemütliches Restaurant mit großer Auswahl an Biersorten zu regionalen Gerichten und Flammkuchen. So geschl.

• Spisergass 9 a | CH-9004 St. Gallen
Tel. 071 222 75 46
www.bierfalkenwirt.ch

**Jägerhof** €€

Das Restaurant überzeugt durch die kreative Küche des neuen Chefs Agron Lleshi. Sa nur abends geöffnet, So geschl.

• Brühlbleichestr. 11
CH-9000 St. Gallen | Tel. 071 245 50 22
www.jaegerhof.ch

**Marktplatz** €–€€

Die behagliche Brauhausatmosphäre im »Marktplätzli« lädt im Parterre zu traditionellen Schweizer Gerichten, OLMA-Bratwurst **50 Dinge** ⑱ › S. 14 und Flammkuchen ein, oben geht es kulinarisch feiner zu.

• Neugasse 2 | CH-9000 St. Gallen
Tel. 071 222 36 41
www.restaurant-marktplatz.ch

## Shopping

**Chocolaterie am Klosterplatz**

Süße Verführungen im »Blauen Haus«, die im eigenen Café unter neuer Leitung der Chocolaterie Kölbener gleich probiert werden können.

• Gallusstr. 20 | CH-9000 St. Gallen
Tel. 071 222 57 70
www.chocolateriesg.ch

# Heiden 🗗 [F5]

Das heutige Erscheinungsbild des beliebten Molkekurorts (4200 Einw.) auf 810 m Höhe geht auf einen großen Brand 1838 zurück, als die Gebäude im klassizistischen Stil mit Empire-Elementen wiederaufgebaut wurden. So hat das Dorf ein urbanes Flair erhalten. Gerne wird Heiden auch Biedermeierdorf genannt, wobei damit eigentlich das Interieur und nicht die Architektur bezeichnet wird.

Wer von Heiden spricht, nennt im gleichen Atemzug die **Aussichtsterrasse** auf den östlichen Teil des Obersees. Heiden kann nicht nur mit dem Auto erreicht werden, sondern auch mit der Zahnradbahn von Rorschach aus.

Bekanntester Bürger der Stadt ist Henry Dunant (1828–1910), der Gründer des Internationalen Roten Kreuzes, der hier seine letzten 23 Lebensjahre verbrachte. Sehr lohnenswert ist ein Besuch im **Henry-Dunant-Museum** (Asylstr. 2, CH-9410 Heiden, Tel. 071 891 44 04, April–Okt. Di–Sa 13.15–16.30, So 10–12, 13.15–16.30, Nov.–März Mi bis Sa 13.30–16.30, So 10–12, 13.15 bis 16.30 Uhr, www.dunant-museum.ch).

Der etwa 8 km lange **Witzweg** von Heiden nach Walzenhausen gibt auf rund 80 Tafeln einen Einblick in die »listig-träfen« Humor der Appenzeller (www.witzweg.ch). **50 Dinge** ⑤ › S. 12.

Ein zweiter Themenweg ist der **Gesundheitsweg** mit 70 Schautafeln zur Pflanzenheilkunde zwischen den

Orten Heiden, Kaien, St. Anton und Oberegg, der in verschiedenen Etappen durchwandert werden kann (www.appenzellerland.ch).

Nordöstlich der Gemeinde Grub AR bietet der **!** **Fünfländerblick** (899 m) eine prächtige Aussicht. Die Zählung von fünf Ländern stammt aus dem 19. Jh. und bezieht sich auf die Schweiz, Vorarlberg, Bayern, Baden und Württemberg.

### Info

**Appenzellerland Tourismus**
• Bahnhofstr. 2 | CH-9410 Heiden
Tel. 071 898 33 00
www.appenzellerland.ch

### Hotels

**Hotel Linde** €€
Eine Genossenschaft führt das sympathische Hotel mit dem seit 100 Jahren unveränderten historischen Arvensaal, in dem gelegentlich Kulturveranstaltungen stattfinden. Die Zimmer sind überwiegend modern eingerichtet.
• Poststr. 11 | Tel. 071 898 34 00
www.lindeheiden.ch

**Aparthotel Krone** €
Sehr günstige Wohnmöglichkeiten im historischen Kurhaus.
• Kirchplatz 9 | Tel. 071 891 11 27
www.kroneheiden.ch

### Restaurant

**Rosengarten** €
Das Panoramarestaurant etwas außerhalb des Zentrums serviert kreative, saisonal abgestimmte Speisen. Günstige Mittagsangebote. So/Mo geschl.
• Schützengasse 21 | Tel. 071 891 61 31
www.rosengartenheiden.ch

# Appenzell

Der Kanton Appenzell, seit der Reformationszeit in die Halbkantone Innerrhoden und Ausserrhoden geteilt, wird vom Kanton St. Gallen umschlossen.

## Der Ort Appenzell **8** [F6]

Die aus dem 16.–18. Jh. stammenden bemalten Holzhäuser des Hauptortes (5800 Einw.) sowie die schmucken Dörfer im Umkreis set-

---

**SEITENBLICK**

### Demokratie unter freiem Himmel

Wenn die schweizerische Demokratie im Ausland immer wieder als einmalig gerühmt wird, so hat dies seinen Grund auch in einer uralten Einrichtung: der Landsgemeinde. Noch heute treffen sich im Halbkanton Appenzell-Innerrhoden, aber auch in Glarus und Obwalden, die stimmberechtigten Bürger (seit 1990 auch die Bürgerinnen) auf dem Dorfplatz, um ihre Vertreter zu wählen und über Sachfragen abzustimmen. **50 Dinge** ⑦ › **S. 12**. Was an diesem Beispiel aus der politischen Praxis so augenfällig wird, macht den Unterschied zwischen der schweizerischen und anderen Demokratien deutlich: die direkten Einflussmöglichkeiten des Bürgers auf Gemeinde-, Kantons- und Bundesebene bei Abstimmungen und Initiativen. Das hat mitunter einen etwas bedächtigeren Gang der Dinge zur Folge, hält die Politiker aber wirkungsvoll von gefährlichen Höhenflügen ab.

zen Akzente im Grün der Wiesen und Wälder unterhalb des grauen Alpsteinmassivs.

Das kulturhistorische **Museum Appenzell** informiert über das hiesige Brauchtum (Hauptgasse 4, CH-9050 Appenzell, Tel. 071 788 96 31, April–Okt. tgl. 10–12, 14–17, Nov. bis März tgl. außer Mo 14–17 Uhr, www.museum.ai.ch).

### Info

**Appenzellerland Tourismus**
• Hauptgasse 4 | CH-9050 Appenzell
  Tel. 071 788 96 41
  www.appenzell.ch

### Hotel

**Romantik Hotel Säntis** €€
Traditionshaus am Hauptplatz mit gediegener Einrichtung und Viersternekomfort; im Gourmetrestaurant gibt es u. a. 4- und 5-Gänge-Menüs.
• Landgemeindeplatz 3
  Tel. 071 788 11 11
  www.saentis-appenzell.ch

### Restaurants

**Gass 17** €€
Pfiffiges Restaurant mit modernem Interieur und offenem Holzgrill, eigener Bäckerei und Café.
• Hauptgasse 17 | Tel. 071 780 17 17
  www.gass17.ch

**Rössli** €€
Hier kommen v. a. deftige Gerichte aus dem Appenzellerland auf den Tisch. Jeden Sonntag wird im Rössli bei den Frühschoppenkonzerten gejodelt. So/Mo geschl.
• Weissbadstr. 25 | Tel. 071 787 13 55
  www.roessli-appenzell.ch

## Appenzellerland

Trotz der Gebirgslandschaft, die durch ihre kleinräumige Struktur an eine Spielzeugeisenbahn erinnert, ist der Kanton Appenzell mit richtigen Eisenbahnlinien (jedoch in Schmalspur) hervorragend erschlossen. Eine Fahrt mit den roten Zügen durch das Appenzellerland bietet ungewohnte Perspektiven und ermöglicht den Kontakt mit den Einheimischen, die sonst eher aus mehr oder weniger geistreichen Witzen bekannt sind. Startpunkte der Bahnen sind St. Gallen › S. 88 (über Urnäsch oder Gais nach Appenzell) sowie Altstätten im Rheintal [F5], von wo der Zug mit Zahnradantrieb den Berg hinauffährt.

Als Appenzeller Hausberg gilt der **Hohe Kasten** (1795 m) [F6], der von einem Sendeturm sowie von einem Drehrestaurant gekrönt wird (Seilbahn, CH-9058 Brülisau, Tel. 071 799 13 22, www.hoherkasten.ch). Direkt vom Restaurant geht ein Gipfelrundweg durch den 5000 m² umfassenden Alpengarten ab. Vom Gipfel führt ein geologischer Wanderweg zur Saxer Lücke und bietet abwechselnd Blicke ins Rheintal und auf das Säntismassiv. Der **Kronberg** (1663 m) [E6], etwa 8 km westlich von Appenzell, hat die Form und Höhe eines Mittelgebirgsberges, bietet fast die gleiche Aussicht wie der Säntis und ist besonders durch seine Bobbahn bekannt. Auf den Rundwegen kann man je nach Entfernung vom nächsten Gasthaus die Touristenströme vermeiden (Seilbahn von Jakobsbad [E6], Tel. 071 794 12 89, www.kronberg.ch).

Der Berggasthof Tierwis am Säntis auf 2085 m Höhe

# Säntis 🟫9 [b5]

Schon allein durch seine Höhe von 2502 m ist der Säntis ❗ der beste Aussichtsberg der Ostschweiz. Wenn man sich ihm nähert, erkennt man auch gleich den zweiten Grund für seine Beliebtheit: Er ist der einzige Aussichtspunkt der Gegend, bei dem die Sicht nicht durch Ausflugsrestaurants, Hotelbauten oder Sendeanlagen verschandelt wird – diese stehen nämlich allesamt auf dem Gipfel selbst.

Eine der schönsten Rundwanderungen führt von Wasserauen [c5] (Endstation der Appenzeller Bahn) über den Seealpsee oder Ebenalp (Seilbahn) und Schäfler auf den Gipfel, weiter über das Gasthaus Tierwis hinunter zur Schwägalp und mit dem Postbus nach Urnäsch [a4], wo man wieder in das rote Bähnli steigen kann, das nach Appenzell oder St. Gallen fährt.

Der Startpunkt der Schwebebahn an der **Schwägalp** liegt in einem Moorgebiet, das im Rahmen des naturnahen Tourismus zu einem Natur-Erlebnispark umgewandelt wurde. Vier Themenwege, zusammen 1,9 km lang, informieren über Geologie und Landschaftsgeschichte sowie über die Alpwirtschaft.

## Info

**Säntis-Schwebebahn**
Fahrten alle 30 Min. von der Talstation im neuen Säntis-Hotel von Ende Mai bis Ende Okt. 7.30–18.00 Uhr, sonst kürzer.
• CH-9107 Schwägalp
  Tel. 071 365 66 00
  www.saentisbahn.ch

# Herisau 🟧10 [E5]

Der 837 erstmals erwähnte Hauptort des protestantischen Halbkantons Appenzell-Ausserrhoden, der 1597 durch Abspaltung vom katholi-

schen Appenzell-Innerrhoden entstand, sieht sich trotz seiner 15 700 Einwohner nicht als Stadt, sondern als das größte Dorf der Schweiz. Der Schriftsteller Robert Walser (1878 bis 1956) verbrachte die letzten 23 Jahre seines Lebens als Psychiatriepatient in der Heil- und Pflegeanstalt des Ortes. Auf dem Ro-

---

**❗ Erst-❗ klassig**

### Die interessantesten Schaukäsereien

...................................................

- Die **Appenzeller Schaukäserei** in Stein bei Herisau [E5] gibt Einblick in die recht geheimnisvolle Herstellung des weltberühmten würzigen Käses. › S. 97
- Bei der Säntis-Schwebebahn › S. 95 liegt die **Schaukäserei Schwägalp,** die Berg- und Ziegenkäse erzeugt (CH-9107 Urnäsch, Tel. 071 365 65 40, Mai tgl. 10–16.30, Juni–Sept. 9 bis 17.30, Okt. 10–17, Nov. 11 bis 16 Uhr, www.urnaescherkaese.ch).
- Die **Dorfsennerei Böserscheidegg** liegt südlich der Alpenstraße in Bayern (D-88175 Scheidegg [H4], Tel. 0 83 81/8 34 56, tgl. 7 bis 12, 16.30–19 Uhr, www.kaeserei-boeserscheidegg.de).
- Das **Bregenzerwälder Käsehaus** (A-6866 Andelsbuch [H5], Tel. 0 55 12/2 63 46, Mo–Sa 9 bis 18, So ab 10 Uhr, www.kaesehaus.com) liegt an der Käsestraße Bregenzerwald, ein Netzwerk von Sennereien, Alpen und Käsewirten (www.kaesestrasse.at).

bert-Walser-Pfad ist er bis heute im Ortsbild präsent.

Der Aufbau der **Altstadt** erinnert daran, dass Herisau schon früher auf einer Handelsroute lag, übrigens auch auf dem Jakobsweg von Rorschach nach Einsiedeln. Die spätgotische **Pfarrkirche St. Laurentius** mit der drittgrößten Glocke der Schweiz weihte 1520 noch der Bischof von Konstanz ein, bevor die Gemeinde nur neun Jahre später während der Reformation zur evangelischen Konfession überging. Im einstigen Rathaus am Platz bei der Kirche dokumentiert das **Kulturhistorische Museum** »das andere Appenzellerland«, darunter die Lebenswelten in der vom Textilgewerbe dominierten Gegend (Platz, CH-9102 Herisau, Tel. 071 352 40 10, Mai–Dez. Mi bis So 13–17 Uhr, sonst Gruppen auf Anfrage, www.museumherisau.ch).

### Hotel
**Marktplatz** €€
Das erste Haus am Platz bietet gediegene Zimmer und ein Café (So geschl.).
- Zeughausstr. 10 | CH-9100 Herisau Tel. 071 352 32 12 | www.cafemp.ch

### Restaurant
**Rüti** €€
Panoramarestaurant auf 800 m in Richtung Säntis mit guter Fisch- und internationaler Küche. Mo geschl.
- Rütistr. 1683 | Tel. 071 352 32 80 www.ruetiherisau.ch

## Bischofszell 🔟 [E5]

Der Name der Stadt (5900 Einw.) leitet sich davon ab, dass die Kon-

stanzer Bischöfe im 10. Jh. auf dem Weg von Konstanz nach St. Gallen hier kurz vor dem Ziel im St. Pelagius-Stift noch einmal übernachteten. Durch den Brand von 1743 geht das heutige Stadtbild v. a auf den Barock zurück, etwa das kurz nach dem Brand entstandene **Rathaus**. Zu den Sehenswürdigkeiten zählen der **Zeitglockenturm** am Grubplatz sowie die Alte Brücke über die Thur von 1487, die älteste erhaltene spätmittelalterliche Brücke der Schweiz.

Dank der vielen Rosengärten wird jährlich im Juni die **Rosen- und Kulturwoche** begangen. Einen Einblick in die bürgerliche Wohnkultur des 18. Jhs. bietet das **Historische Museum** in zwei Patrizierhäusern (Marktgasse 4, CH-9220 Bischofszell, Tel. 071 422 38 91, März bis Nov. So 14–17 Uhr, www.museum-bischofszell.ch).

## Info

**Verkehrsbüro**
• Neugasse 18 | CH-9220 Bischofszell
  Tel. 071 424 63 63
  www.bischofszell.ch

Schaukäserei Appenzell

## Hotel

**Hotel Le Lion** €€
Viersternehotel in historischem Haus mit eleganter Lounge und Sonntagsbrunch.
• Grubplatz 2 | Tel. 071 424 60 00
  www.hotel-lelion.ch

## Restaurant

**Eisenbahn** €€
Schweizer Gerichte in geselligem Gasthofambiente. So/Mo geschl.
• Steigstr. 1 | Tel. 071 422 11 82
  www.restauranteisenbahn.ch

### Der Käse mit dem Geheimnis

Wer kennt nicht die Werbung über den Appenzellerkäse, die am Ende aber nicht verrät, wie dieser würzige Käse hergestellt wird. Die Einwohner verzehren ihn gern »mitsamt em Täller« – gemeint ist auf dem Brot. Die **!** Schaukäserei mit Marktplatzcharakter, in der 13 500 Käselaibe reifen, liegt zwischen Appenzell und Herisau (CH-9063 Stein **[E5]**, Tel. 071 368 50 70, Mai–Okt. 8.30–18.30, Nov. bis April bis 17.30 Uhr, www.schaukaeserei.ch). **50 Dinge** ㉝ › **S. 15**. Und wenn man schon mal dort ist, sollte man das **Appenzeller Volkskundemuseum** mit 400-jährigen Alphütten und einer interessanten Textilabteilung besuchen. In kleinen Gruppen ab vier Personen kann man sogar selbst käsen wie anno dazumal (CH-9063 Stein, tgl. außer Mo 10–17 Uhr, www.appenzeller-museum.ch).

# Strandbäder am Bodensee

Am Bodensee hat die Badekultur eine lange Tradition. Die ersten Badeanstalten waren von der Außenwelt noch streng abgeschieden. Im Laufe der letzten zwei Jahrhunderte differenzierte sich das Angebot, von den letzten verbliebenen historischen Badeanstalten über klassische Schwimm- und Spaßbäder bis zu modernen Thermen mit Wellnessangeboten. Ein aktueller Strandbadführer listet nicht weniger als 80 Badestellen auf, bei 273 km Uferlänge (www.bodenseeverlag.de/buecher/strandbader-und-thermen-2).

## Nostalgiebäder

Schon im 17. Jh. wurde am Bodensee und den Zuflüssen mangels offizieller Einrichtungen gebadet. Dies war den Stadtvätern der meisten Gemeinden ein Dorn im Auge; so entstanden die ersten optisch abge-

schlossenen Badeanstalten, damit man(n) den Badefreuden nachgehen konnte – Frauen waren erst später zugelassen. Mit dem aufkommenden Tourismus im 19. Jh. wurden modernere Anlagen errichtet, leider mussten dafür die meisten historischen »Badis« weichen.

- **Mili Bregenz [G4]**
  Auf 123 Holzpfählen steht das aus Holz gebaute Militärbad mit grünen Fensterläden seit 1825 in der Bregenzer Bucht. **50 Dinge** ② › S. 12. Das liebevoll »Mili« genannte Kleinod der Traditionsbadehäuser ist damit die älteste Einrichtung am Bodensee überhaupt. Mai–Sept. tgl. 11–28 Uhr. Reichsstr. 66 | A-6900 Bregenz Tel. 0 55 74/44 24 20 www.stadtwerke-bregenz.at
- **Badhütte Rorschach [F5]**
  Die einzige verbliebene Schweizer Traditionsbadeanstalt am Bodensee

wurde 1924 eröffnet. Sie steht wie in Bregenz auf Pfählen, ist jedoch um einiges größer. Mitte Mai–Mitte Juni tgl. 9–19, Mitte Juni–Mitte Aug. 8–20, Mitte Aug.–Mitte Sept. 8–19 Uhr.
Thurgauerstr. | CH-9401 Rorschach
Tel. 071 841 16 84

• **Aeschacher Bad** [G4]
Die Stammgäste des hellgrünen Kleinods auf 99 Holzpfählen mussten einen Verein gründen, um das heimelige Holzhaus aus dem Jahr 1911 vor der Schließung zu retten und in Eigenregie führen zu können. Hier kommt her, wer Ruhe und Entspannung statt Fun und Action sucht. Anfang Juni bis Ende August in Betrieb.
Lotzbeckweg | D-88131 Lindau
Tel. 0 83 82/2 34 46

## Thermen

Wer nicht direkt in den Bodensee springen oder die traditionellen Badehäuser besuchen mag, findet u. a. in drei Thermen veritable Badeparadiese mit mineralstoffhaltigem Wasser (www.thermentrio.de).

• **Bodensee-Therme Konstanz** [D3]
Das modernste Thermalbad am Bodensee entstand erst 2007 außerhalb des Zentrums von Konstanz mit Panoramablick auf den Bodensee und die Berge. Tgl. 9–22 Uhr.
Zur Therme 2 (ehemals Wilhelm-von-Scholz-Weg 2)
D-78464 Konstanz
Tel. 0 75 31/3 63 07-0
www.therme-konstanz.de

• **Bodensee-Therme Überlingen** [D2]
Das Premium-Heilbad umfasst eine Erholungsoase mit Badelandschaft, Sauna, Wellness und Sportmöglichkeiten. So–Do 10–22, Fr/Sa 10–23 Uhr.

Bahnhofstr. 27
D-88662 Überlingen
Tel. 0 75 51/3 01 99-0
www.bodensee-therme.de

## Spezialbäder

Praktisch jeder Ort am Bodensee verfügt über mindestens eine Badeanstalt. Interessant sind vor allem die nachstehenden, eher speziellen Bäder.

• **Kneipp-Heilbad Überlingen** [D2]
Informationen über Kneipp-Kuren und qualifiziertes Heilfasten in den einzelnen Kurkliniken Überlingens erteilt die Tourist-Information.
Landungsplatz 5
D-88662 Überlingen
Tel. 0 75 51/9 47 15-22
www.ueberlingen-bodensee.de

• **Bora-Sauna Radolfzell** [C3]
Der in einem Naturschutzgebiet angelegte Saunagarten mit direktem Seezugang bietet eine Vielzahl von Möglichkeiten: von finnischer Sauna über Dampfbad bis Rauchsauna.
Mo–Sa 10–23, So bis 22 Uhr.
Karl-Wolf-Str. 33
D-78315 Radolfzell
Tel. 0 77 32/9 40 63 30
www.bora-sauna.de

• **FKK-Strand Hard** [G4–G5]
Das vollständig eingezäunte Naturschutzgebiet mit 40 000 m² bietet den Anhängern der Freikörperkultur einen direkten Abschnitt des Bodensees sowie viele Freizeitangebote.
April/Mai, Sept. tgl. 9–19 Uhr, Juni bis Aug. bis 20 Uhr.
Im Böschen 43
A-6971 Hard
Tel. 0 55 78/8 36 82 30
www.hard-sport-freizeit.at

# ÖSTERREICHI-SCHES SEEUFER

## Kleine Inspiration

- **Das Kloster Mehrerau in Bregenz besuchen** und anschließend im imposanten Gewölbe des neuen Klosterkellers eine Brotzeit zu sich nehmen › S. 104
- **Auf einer Architektur-Exkursion die Stadt Dornbirn erkunden** mit Hilfe des Vorarlberger Architektur-Instituts › S. 107
- **Die Rappenlochschlucht aufsuchen** – eine der größten Schluchten Europas › S. 107
- **Eine Ausstellung besuchen** im beeindruckenden Kunstmuseum in Vaduz › S. 108

Österreich besitzt den flächenmäßig kleinsten Anteil am Bodensee, hat aber mit Bregenz die älteste Stadt der Bodenseeregion. Vaduz, der Hauptort des Fürstentums Liechtenstein, liegt nicht weit entfernt im Süden.

Am bekanntesten ist sicherlich Bregenz, die Landeshauptstadt Vorarlbergs, nicht zuletzt wegen ihrer Festspiele. Ihr Hausberg, der Pfänder, bietet an schönen Tagen eine einzigartige Aussicht. Wer in der Landschaft die Weite der Höhe vorzieht, findet sie im Rheindelta, das zwischen dem kanalisierten Rhein und dem Alten Rhein Europas größtes Süßwasserdelta bildet. Die Stadt Dornbirn, etwas südlich, präsentiert sich als Messestadt und Architektur-Mekka. Noch weiter im Süden liegt Vaduz, Hauptstadt von Liechtenstein – ein beliebtes und von der südlichen Bodenseeregion leicht erreichbares Touristenziel.

# Touren in der Region

 ## Auf den Pfänder

**Route: Bregenz › Pfänder › Hochberg › Lochau**

**Karte:** Seite 80
**Dauer:** 1 Tag, 18 km
**Praktische Hinweise:**
• Die Wandertour wird mit der Pfänderbahn begonnen, die mit Ausnahme des Novembers ganzjährig in Betrieb ist.

## Tour-Start:

Auf den Hausberg von **Bregenz** 12 › S. 102 fährt die Pfänderbahn innerhalb von zehn Minuten bis zur

Blick vom Pfänder über die Bregenzer Bucht und Bregenz

Bergstation des **Pfänders** 13 › S. 106 auf 1020 m. Auf dem Höhenweg läuft man nun an einigen Gaststätten vorbei über Moosegg, Jungholzer Kreuz und Trögen in etwa zwei Stunden bis zum Hochberg (1069 m). Der Abstieg führt nach Lutzenreute (854 m) und durch die Ortschaft Backenreute bis nach Lochau. Von dessen Bahnhof geht es den See entlang zurück nach Bregenz. An Tal- und Bergstation ist eine Wanderkarte erhältlich. Ein Teil der Tour ist mit dem Käselehrpfad › S. 106 identisch.

 ## Radtour ins Fürstentum

**Route: Bregenz › Dornbirn › Feldkirch › Vaduz › Bregenz**

**Karte:** Seite 80
**Dauer:** 2 Tage, 108 km
**Praktische Hinweise:**
- Diese Tour entlang der österreichischen und Schweizer Seite ist natürlich auch mit dem Auto als Tagesausflug möglich.
- Mit dem Fahrrad bleibt aber mehr Zeit zum Aufnehmen der Eindrücke, dafür wird eine Übernachtung in Vaduz eingeplant.

## Tour-Start:

**Bregenz** 12 › S. 102 ist Start- und Endpunkt dieser Fahrradtour, die zunächst auf der österreichischen Bundesstraße 190 in die moderne Architektur-Metropole **Dornbirn** 14 › S. 106 führt, wo ein Besuch der Naturausstellung inatura nicht ausgelassen werden sollte. Weiter geht es durch Hohenems in die Stadt Feldkirch, deren hübsche Altstadt und zahlreiche Restaurants zu einer Pause einladen. Bei Schaanwald beginnt das Fürstentum Liechtenstein. Unweit des Rheintals erreicht man die Residenzstadt **Vaduz** 15 › S. 108, in der u. a. das Postmuseum einen Besuch lohnt.

Am nächsten Tag erfolgt der Rückweg auf der Schweizer Seite über die Nationalstraße 13 durch zahlreiche Orte im Kanton St. Gallen wie Buchs und Altstätten bis zum Grenzort St. Margrethen. Zurück in Vorarlberg, überquert man kurz hinter Höchst den Neuen Rhein nahe seiner Mündung in den Bodensee und gelangt in Hard mit seinem Naturschutzgebiet und FKK-Strand › S. 99 wieder an den Bodensee. Auf der Rheinstraße (B 202) muss noch die Bregenzer Ache überquert werden, dann ist man schon wieder in Bregenz.

# Unterwegs in der Region

## Bregenz 12 [G4]

Bregenz (29 200 Einw.), Hauptstadt Vorarlbergs, ist die älteste Stadt am Bodensee. Im Sommer zieht sie durch die Festspiele Tausende von Opern- und Musicalfans an, während sie für andere der Ausgangspunkt für eine Seilbahnfahrt auf den Hausberg Pfänder ist. Bregenz ist jedoch auch wegen seiner langen Geschichte, seiner vielen erstklassigen Kultureinrichtungen, seiner lebendigen Lokalszene und der angenehm städtischen Atmosphäre einen Besuch wert. Die Oberstadt entstand in der späten Römerzeit, die Unterstadt erst im Mittelalter. Ab dem 16. Jh. gehörte Bregenz den Habsburgern, seit 1861 ist es Hauptstadt von Vorarlberg.

Die **Bregenzer Festspiele** bieten jedes Jahr im Juli/August fünf Wochen lang hochkarätigen Musikgenuss (Oper, Musical) und zahlreiche Begleitveranstaltungen. Im Mittelpunkt steht dabei die größte Seebühne der Welt mit einer ebenso spektakulären wie aufwendigen Kulisse auf einer Plattform im See. Die Aufführungen bieten ein einmaliges Open-Air-Erlebnis bei Sonnenuntergang (Platz der Wiener Symphoniker 1, A-6900 Bregenz, Tel. 0 55 74/40 76, www.bregenzer festspiele.com). **50 Dinge** ㉕ › S. 15.

## In der Oberstadt

Am nördlichen Rand der alten Oberstadt steht der **Martinsturm** Ⓐ, das Wahrzeichen der Stadt, der seit 1701 die größte Turmzwiebel Mitteleuropas trägt (Mai–Okt. tgl. außer Mo 10–16, Do bis 21 Uhr, www. martinsturm.at). Der untere Teil des Turms gehört zur kleinen gotischen **Martinskapelle** (Freskenzyklus des 14. Jhs.), darüber ist das Vorarlberger Militärmuseum untergebracht – und von ganz oben hat man eine schöne Aussicht über Stadt und See. Sehenswerte Bauten sind auch das **Alte Rathaus** (1662) und das **Deuring-Schlösschen** (1689), bis vor kurzem ein Hotelrestaurant.

## Südwestlich der Oberstadt

An der Stelle der alemannischen Siedlung steht die alte **Stadtpfarrkirche St. Gallus** Ⓑ (heutiger Bau 14. bis 18. Jh.) und etwas oberhalb das barocke **Dominikanerinnenkloster Thalbach** Ⓒ. Von einem Park mit exotischen Gehölzen umgeben ist das **Palais Thurn und Taxis** Ⓓ (1848), seit 1955 das Künstlerhaus der Stadt Bregenz mit wechselnden Ausstellungen (Gallusstr. 10, Tel. 0 55 74/ 4 27 51, Di–Sa 14–18, So 11–17 Uhr, www.kuenstlerhaus-bregenz.at).

Die Oper »Turandot« 2016 auf der Bregenzer Seebühne

## Im Stadtzentrum

Die neuere Unterstadt ist, abgesehen von einigen älteren Bauten, von den Stilen des 17.–19. Jhs. geprägt. Die repräsentativsten Gebäude stammen aus der Spätzeit der k. u. k. Monarchie, etwa das **Postamt** (1894). Einen überaus gelungenen Kontrast zu den alten Bauten bildet das 1999 erbaute **Kunsthaus** Ⓔ ⭐, das wegen der modernen Architektur des Schweizer Architekten Peter Zumthor international gerühmt wird und der zeitgenössischen Kunst auf 1600 m² einen angemessenen Rahmen gibt (Karl-Tizian-Platz, Tel. 0 55 74/4 85 94-0, tgl. außer Mo 10–18, Do bis 21 Uhr, www.kunsthaus-bregenz.at).

Das **Vorarlberger Landesmuseum** Ⓕ wiederum thematisiert die Stadt- und Regionalgeschichte von der Früh- über die Römerzeit bis zur Volkskultur heute (Kornmarkt 1, Tel. 0 55 74/4 60 50, tgl. außer Mo 10–18, Do bis 21 Uhr www.vorarl bergmuseum.at).

Das moderne **Landhaus**  (erbaut 1982; Landesregierungssitz) ist immer noch bemerkenswert für den Stil der späten 1970er-Jahre. Am nordöstlichen Ortsrand von Bregenz steht die »Mili« genannte älteste **Badeanstalt** am Bodensee  auf 123 Pfählen › S. 98.

## Kloster Mehrerau

In dem sehenswerten Kloster am westlichen Stadtrand leben heute noch Zisterzienser. Die moderne Klosterkirche (vollendet 1964) verkörpert mit der Strenge ihrer Formen das asketische Ordensleben. Das im 11. Jh. gegründete Kloster erlebte nach der Säkularisation schwere Zerstörungen: Die Bibliothek etwa verbrannte, die Steine der Kirche dienten als Baumaterial für den Lindauer Hafen (Mehrerauerstr. 66, Tel. 0 55 74/7 14 61, www.mehrerau.at).

### Info

**Bregenz Tourismus**
• Rathausstr. 35 a | A-6900 Bregenz
  Tel. 0 55 74/49 59-0
  www.bregenz.travel

| | | |
|---|---|---|
| **A** Martinsturm | **C** Dominikanerinnenkloster Thalbach | **F** Vorarlberger Landesmuseum |
| **B** Stadtpfarrkirche St. Gallus | **D** Palais Thurn und Taxis | **G** Landhaus |
| | **E** Kunsthaus | **H** Badeanstalt »Mili« |

## Hotels

**Weißes Kreuz** €€€
Zimmer teils mit Bauernmöbeln ausgestattet, dennoch zeitgemäßer Komfort und elegante Cocktailbar.
• Römerstr. 5 | Tel. 0 55 74/49 88-0
www.hotelweisseskreuz.at

**Messmer** €€–€€€
Behagliche moderne Zimmer.
• Kornmarktstr. 16 | Tel. 0 55 74/4 23 56
www.hotel-messmer.at

**Seehotel am Kaiserstrand** €€–€€€
Grand Hotel im Vorort Lochau mit Strandcafé und eigenem Schiffsanleger
• Am Kaiserstrand 1 | A-6911 Lochau
Tel. 0 55 74/5 81 11
www.seehotel-kaiserstrand.at

## Restaurants

**Burgrestaurant Gebhardsberg** €€
Vom Gebhardsberg genießt man eine der schönsten Aussichten auf den Bodensee. In der Burg (11. Jh.) hat Tafeln mit Hochgenuss eine doppelte Bedeutung. Okt.–April Mo geschl.
• Gebhardsberg 1 | Tel. 0 55 74/4 25 15
www.greber.cc

**Goldener Hirschen** €€
Uriges Gasthaus im Hotel Weißes Kreuz
› **oben** mit österreichischer Hausmannskost. Di geschl.
• Kirchstr. 8 | Tel. 0 55 74/4 28 15
www.hotelweisseskreuz.at

**Kornmesser** €€
Typische Gasthausgerichte im Barockhaus von 1720 mit Biergarten. **50 Dinge** ⑪ › **S. 13**. Im Winter Mo geschl.
• Kornmarktstr. 5 | Tel. 0 55 74/5 48 54
www.kornmesser.at

**Maurachbund** €–€€
Café, Restaurant und Bar. Die traditionellen Gerichte werden unter einer 500 Jahre alten gotischen Decke serviert.
• Maurachgasse 11
Tel. 0 55 74/4 50 29
www.maurachbund.at

## Shopping

**Fredi's Käslädele**
Beliebter Käseladen mit v. a. Bio-Käse aus dem Bregenzerwald.
• Deuringstr. 9 | Tel. 06 64/73 51 08 28
www.kaesefredi.eu

## Bunte Märkte

• Der grenzübergreifende **Flohmarkt** von Konstanz › **S. 54** und Kreuzlingen › **S. 82** findet einmal jährlich an einem Wochenende im Juni statt (www.flohmarkt-konstanz.de).
• In der Altstadt von Ravensburg › **S. 127** schlendert man Samstag vormittags an den rund 100 Ständen des **Wochenmarkts** entlang Markstr. und Gespinstmarkt vorbei. Regionale und mediterrane Köstlichkeiten in Hülle und Fülle!
• Von Mai bis Oktober, jeweils am 1. Freitag im Monat (im Juli am 2. Freitag), wird der Lindenplatz in Wasserburg › **S. 118** zwischen 17 und 21 Uhr beim **Abendmarkt** zum Platz für Schlemmer.
• Der **Antikpalast** in Egnach vereint in einem historischen Haus alles Mögliche – von Trödel bis zu wertvollen Antiquitäten. › **S. 85**

**Wolford Factory Outlet**

Günstiger Fabrikverkauf des bekannten Textilherstellers. Mo–Fr 9–19, Sa bis 18 Uhr.

- Wolfordstr. 2 | Tel. 0 55 74/6 90-18 64
  www.wolford.com

# Pfänder 13 ⭐ [H4]

Bei schönem Wetter ist eine Tour per Pedes, Mountainbike oder bequem mit der Seilbahn auf den Bregenzer Hausberg Pfänder (1064 m) ein Erlebnis. ❗ Der Dreiländerblick reicht von hier auf rund 240 Alpengipfel, über Bodensee und Rheintal, Ostalpen und Allgäu bis zu den Ausläufern von Schwarzwald und Schwäbischer Alb.

Der Marktplatz von Dornbirn mit der Kirche St. Martin

Neben zahlreichen Höhenwanderrouten sorgen auch ein Alpenwildpark, ein Waldlehrpfad, ein Käselehrpfad sowie eine Greifvogelflugschau für Kurzweil – und ein großes sowie zwei kleinere Gasthäuser für Stärkung. Im Winter ist der Pfänder ein beliebtes Skigebiet.

## Info

**Pfänderbahn**

Tgl. 8–19 Uhr, März/Nov. geschl.

- Steinbruchgasse 4 | A-6900 Bregenz
  Tel. 0 55 74/4 21 60-0
  www.pfaenderbahn.at

# Dornbirn 14 [G5]

Die mit 48 000 Einwohnern größte Stadt Vorarlbergs verdankt ihren Aufstieg im frühen 20. Jh. v. a. der Textilindustrie. Als Wirtschaftszentrum des Bundeslandes ist sie zugleich eine wichtige Messestadt. Zwar verfügt Dornbirn nicht über eine historische Altstadt, dafür hat es eine Reihe interessanter Einzelbauten im Stadtbild vorzuweisen. Am **Marktplatz** stehen die **Stadtpfarrkirche St. Martin** (1840) mit ihrer auffallenden antikisierenden Tempelfassade, das 350 Jahre alte **Rote Haus** mit farbenfroher Bemalung sowie das im Jugendstil gestaltete Geschäftsgebäude **Lugerhaus**.

Dornbirns wohl bekannteste Sehenswürdigkeit ist die Erlebnisausstellung **inatura,** die sich Naturwissenschaft und Technik verschrieben hat (Jahngasse 9, A-6850 Dornbirn, Tel. 0 55 72/2 32 35-0, tgl. 10–18 Uhr, www.inatura.at). **50 Dinge** ⑥ › S. 12.

Dornbirn ist die Architektur-hauptstadt Vorarlbergs. Während Bregenz berühmte neue Bauten hat, wird im **Vorarlberger Architektur-Institut** in der Fachhochschule (Marktstr. 33, Tel. 0 55 72/5 11 69, www.v-a-i.at) die Vorarlberger Architektur dokumentiert und weiterentwickelt. Das Stadtbild ist geprägt von öffentlichen Gebäuden der letzten 20 Jahre und attraktiven Geschäftsbauten. Interessante Naturdenkmäler in der Umgebung erlauben schöne Ausflüge, etwa zur **Rappenlochschlucht** [H5], durch die ein angelegter Steig an der Dornbirner Ache entlangführt. Sie gehört zu den größten Schluchten Mitteleuropas. Wenn man bachaufwärts wandert, kommt man in das schöne Bergdorf Ebnit (1075 m) [G6] und kann über Dornbirns Hausberg Karren (976 m) [G5] zurückkehren. Autoliebhaber kommen im dreistöckigen **Rolls-Royce-Museum** mit Originalfahrzeugen der englischen Königsfamilie auf ihre Kosten. Das Museum liegt kurz vor dem Eingang in die Rappenlochschlucht (Gütle 11 a, Tel. 0 55 72/5 26 52, Juli/Aug. tgl. 10–18, Feb.–Juni, Sept. bis Nov. und Weihnachtszeit tgl. außer Mo 10–18 Uhr, www.rolls-royce-museum.at). **50 Dinge** ㉓ › S. 14.

### Info

**Dornbirn Tourismus**
• Rathausplatz 1 | A-6850 Dornbirn
  Tel. 0 55 72/2 21 88
  www.dornbirn.info

### Fürstentum Liechtenstein

Die konstitutionelle Erbmonarchie ist ein kleiner souveräner Staat zwischen der Ostschweiz und Österreich an der Ostseite des Rheins in Ausflugsnähe vom Bodensee. Die 37 500 Einwohner des Fürstentums leben auf 160 km² in elf Gemeinden, Amtssprache ist Deutsch. Liechtenstein ist technisch recht unabhängig, da es eine eigene internationale Telefonvorwahl, ein separates Mobilfunknetz und eigene Briefmarken besitzt. Eine eigene Währung gibt es nicht; seit der 1924 in Kraft getretenen Wirtschaftsunion mit der Schweiz wird mit dem Franken bezahlt, außerdem bestehen keine Zollschranken. Allerdings gehört von beiden Staaten nur Liechtenstein zur EU, während die Schweiz nur dem Schengener Abkommen beigetreten ist. 2010 verständigten sich Liechtenstein und Deutschland nach einigen Spannungen wegen gestohlener Bankdaten, die von der deutschen Steuerfahndung verwendet wurden, auf einen Informationsaustausch in Verdachtsfällen bei Steuerhinterziehung.

Die wichtigsten Orte im südlichen Oberland sind Vaduz › **S. 108** und Balzers mit den beiden Burgen Gutenberg und Grafenberg. Das nördlich gelegene Unterland grenzt an das österreichische Feldkirch, während die Alpenregion durch eine Reihe von Zweitausendern bis zum Grauspitz (2599 m) charakterisiert wird. Beliebter Wintersportort ist das familienfreundliche Malbun auf 1602 m. Liechtenstein verfügt über ein ausgebautes Wanderwegenetz von etwa 400 km Länge.

## Hotel

**Vienna House Martinspark** €€

Österreichs erstes Designhotel: 98 farbenfrohe Zimmer in der Nähe des historischen Zentrums von Dornbirn; Sauna und Solarium.

- Mozartstr. 2 | Tel. 0 55 72/37 60
  www.martinspark.at

## Restaurants

**Rotes Haus** €€

Gutbürgerliche Küche im nostalgischen Roten Haus mit Schwerpunkt auf Vorarlberger Gerichten. Mo geschl.

- Marktplatz 13 | Tel. 0 55 72/3 15 55
  www.roteshaus.at

**Stuonobach** €€

Neu eröffnetes Restaurant mit Fokus auf althergebrachte, lecker umgesetzte Vorarlberger Küche. Sa nur abends geöffnet, So geschl.

- Steinebach 7 | Tel. 0 55 72/39 45 95
  www.stuonobach.at

**inatura Café-Restaurant** €

In einem modernisierten Fabrikgebäude speist man nicht nur in interessantem Ambiente, auch die Küche garantiert Qualität durch Lebensmittel aus ökologischem Anbau.

- Jahngasse 9 | Tel. 06 64/1 52 82 48
  www.eventgastro-inatura.at

# Vaduz ⓯ [c6]

Auf der Ostseite des Alpenrheins, am Fuß der Drei Schwestern (2052 m), liegt der mit 5400 Einwohnern überschaubare Hauptort des Fürstentums Liechtenstein › **S. 107**, überragt vom Schloss der fürstlichen Familie.

Das Fürstentum gibt eigene Briefmarken heraus, weshalb das ❗ Postmuseum mit seiner Briefmarkenausstellung eine beliebte Anlaufstelle ist (Städtle 37, FL-9490 Vaduz, Tel. 00 423-239 68 46, tgl. 10 bis 12, 13–17 Uhr, Eintritt frei, www.landesmuseum.li).

Einen markanten Akzent im Ortsbild setzt der Kubus des **Kunstmuseums,** das neben den fürstlichen Sammlungen auch Wechselausstellungen zeigt (Städtle 32, Tel. 00 423-239 63 00, tgl. außer Mo 10–17, Do bis 20 Uhr, www.kunstmuseum.li).

## Info

**Liechtenstein Center**

- Städtle 39
  FL–9490 Vaduz
  Tel. 00 423-239 63 63
  www.tourismus.li

## Hotel

**Löwen** €€–€€€

Urgemütlicher Gasthof mit 600-jähriger Geschichte, schöner Gartenterrasse und sehr stilvoll eingerichteten Zimmern.

- Herrengasse 35
  Tel. 00 423-238 11 44
  www.hotel-loewen.li

## Restaurant

**Brasserie Burg** €€

Die Brasserie ist ein Schmelztiegel verschiedener Geschmacksrichtungen in farbenfroh gestaltetem Interieur.

- Städtle 15
  Tel. 00 423-232 23 83
  www.adler.li

In der Maximilianstraße auf der
Lindauer Insel

# OBERSEE MIT LINDAU

## Kleine Inspiration

- **Durch die historische Altstadt von Lindau schlendern** entlang der Maximilianstraße › S. 113
- **Ins Grand Hotel Bad Schachen einkehren** – für kulinarische oder Spa-Erlebnisse › S. 117
- **Vom Malerwinkel in Wasserburg einen traumhaften Blick erhaschen** auf Obersee und Alpenwelt › S. 118
- **Sich von der Schiffsbaukunst des 18. Jhs. begeistern lassen** im Museum für historische Schiffsmodelle in Kressbronn › S. 119
- **Städtische Kulturgeschichte erleben** im Humpis-Quartier in Ravensburg › S. 129

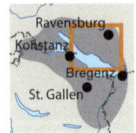

**Viel zu entdecken gibt es am Obersee: Lindaus Insel, Friedrichshafen als Wirtschafts- und Technikzentrum, Ravensburgs mittelalterliche Altstadt und viele schmucke Dörfer und Schlösser.**

Die zu Deutschland gehörende Nordseite des Obersees erstreckt sich von Lindau im Osten bis kurz vor Meersburg im Westen.

Am Oberseeufer wurde Luftfahrtgeschichte geschrieben, wie die Museen der Pioniere Zeppelin und Dornier in Friedrichshafen belegen. Die ziemlich genau in der Mitte des Nordufers gelegene Industriestadt verfügt über den größten Flughafen der Region und über eine direkte Fährverbindung nach Romanshorn

auf die Schweizer Seite. Im Osten bildet Lindau den Außenposten Bayerns am Bodensee und zieht mit seiner schmucken Altstadt auf der Insel die Touristen an – ähnlich wie der westliche Kontrapunkt Meersburg. Dazwischen reihen sich einige hübsche kleinere Orte wie Wasserburg und Langenargen aneinander. Mit Ravensburg und Weingarten, etwas nördlich des Obersees im Hinterland, liegen zwei überaus sehenswerte Städte in Reichweite.

# Touren in der Region

 ## Spielend lernen

**Route: Friedrichshafen › Dornier Museum am Flughafen › Liebenau (Ravensburger Spieleland) › Ravensburg › Weingarten › AbenteuerPark Immenstaad › Friedrichshafen**

**Karte:** Seite 111
**Dauer:** 2 Tage, 71 km
**Praktische Hinweise:**
• Je nach Wunsch der Kinder (und Erwachsenen) kann diese Tour in die Spaßgegend des Bodensees auch noch ausgedehnt werden.

• Die Tour sollte per Auto unternommen werden; als Übernachtungsort empfiehlt sich Ravensburg.

## Tour-Start:

Die »Spielreise« beginnt in **Friedrichshafen** **7** › S. 121 und führt zunächst zum Dornier Museum kurz vor dem Flughafen. In Richtung Ravensburg bei Liebenau lässt eine beliebte Attraktion die (Kinder-) Herzen höher schlagen: Das Ravensburger Spieleland › S. 26 präsentiert sich als unterhaltsam gestalteter Themenpark des über die Grenzen hinaus bekannten Spieleherstellers. Dabei bleibt es freilich nicht nur bei den Puzzles mit der blauen Ecke.

Bis zum Abend wird **Ravensburg** 11 › S. 127 zur Übernachtung erreicht. Am nächsten Tag lohnt sich eine Besichtigung des unweit gelegenen **Weingarten** 12 › S. 130, bevor es entlang der Bundesstra-

ße 33 über Markdorf in Richtung **Immenstaad** 8 › S. 124 weitergeht. Kurz vor dem Ort liegt der spannende AbenteuerPark › S. 26. Die Reise führt zurück nach Friedrichshafen, wo dann das Zeppelin-Museum › S. 122 die unterhaltsame Tour abschließt.

## Touren am Obersee

**Tour** 8 **Spielend lernen**
Friedrichshafen › Dornier Museum am Flughafen › Liebenau (Ravensburger Spieleland) › Ravensburg › Weingarten › AbenteuerPark Immenstaad › Friedrichshafen

**Tour** 9 **Radtour zu den Schlössern am Obersee**
Lindau › Wasserburg › Kressbronn › Langenargen › Friedrichshafen › Immenstaad › Meersburg › Lindau

Tour 9

# Radtour zu den Schlössern am Obersee

**Route:** Lindau › Wasserburg › Kressbronn › Langenargen › Friedrichshafen › Immenstaad › Meersburg › Lindau

**Karte:** Seite 111
**Dauer:** 2 Tage, 49 km
**Praktische Hinweise:**

- Der Hinweg der Reise von Lindau nach Meersburg wird bei einer Übernachtung in Friedrichshafen mit dem Fahrrad zurückgelegt, der Rückweg erfolgt während der Saison (April–Okt.) mit dem Schiff.
- Letzte Rückfahrt Meersburg/Lindau 16.20 Uhr, in der Hauptsaison (Anfang Juli–Mitte Sept.) 17.30 Uhr, Fahrtzeit 1,5 Std.

## Tour-Start:

Der Bodensee wird auf allen Uferseiten von Burgen und Schlössern gesäumt. Diese Fahrradtour beginnt in **Lindau** **1** › S. 112 und führt entlang der deutschen Seite des Obersees über **Wasserburg** **3** › S. 118 und **Kressbronn** **4** › S. 119 nach **Langenargen** **5** › S. 120, wo das berühmte Schloss Montfort im maurischen Stil zu besichtigen ist. Am Nachmittag geht es dann weiter nach **Friedrichshafen** **7** › S. 121, wo nach einem guten Abendessen die verdiente Nachtruhe winkt.

Am nächsten Tag steht – nach einer Stippvisite in **Immenstaad** **8** › S. 124 – das in Privatbesitz befindliche Schloss Kirchberg vor **Hagnau** **9** › S. 125 auf dem Programm. In Meersburg › S. 135, das schon am Überlinger See liegt, sollten auf jeden Fall die Alte Burg und das Neue Schloss besichtigt werden. Wer jetzt noch mag, kann eine Nacht in Meersburg anhängen und die Tour verlängern zum Schloss Salem › S. 139 und Schloss Heiligenberg › S. 140. Andernfalls geht es von Meersburg aus per Schiff zurück ins 1,5 Std. entfernte Lindau.

# Unterwegs am Obersee

## Lindau **1** [G4]

Die Kreisstadt Lindau (24 700 Einw.) ist längst über die gleichnamige Insel im Bodensee hinausgewachsen. Seit der Eingemeindung zahlreicher Dörfer erstreckt sich nicht nur der größte Teil ihrer Fläche auf dem Festland, auch von den Einwohnern lebt nur noch etwa ein Fünftel auf der Insel. Die Stadt ist seit 1806 der Brückenkopf Bayerns am Bodensee, aber wie der ganze Landkreis von der alemannischen Kultur geprägt. Durch zwei große, jährlich stattfindende Tagungen hat sich Lindau auch als Kongressstadt einen Namen gemacht: zum einen durch die Psychotherapiewochen, zum anderen treffen sich seit 1951

Die Insel Lindau vom Hafen aus gesehen

jeden Sommer die Nobelpreisträger der naturwissenschaftlichen Disziplinen hier, um miteinander und mit Nachwuchswissenschaftlern zu diskutieren.

## Insel Lindau ⭐ 9

Die gesamte, seit der Aufschüttung in den 1960er-Jahren 68 ha große Insel besitzt so viel historische Bausubstanz aus allen Epochen seit dem 11. Jh., dass sie als Ganzes unter Denkmalschutz gestellt wurde.

## Am Seehafen Ⓐ

»Schaufenster des Königreichs Bayern« wurde der 1856 ausgebaute Seehafen stolz genannt. Hier stehen die aus jener Zeit stammenden Wahrzeichen der Stadt: an der Hafeneinfahrt der ohne Sockel 6 m hohe **Bayerische Löwe** aus Kelheimer Marmor und der **Neue Leuchtturm** (33 m hoch, Aussichtsplattform); an der stadtseitigen Mole der **Mangturm** Ⓑ aus dem 13. Jh. mit buntem Dach aus dem 19. Jh., der schon seit

SEITENBLICK

### Stadtgeschichte

Der Lindauer Raum war schon in vorgeschichtlicher Zeit von Fischern besiedelt, später ließen sich hier die Römer nieder. Durch seine verkehrsgünstige Lage an den Handelsstraßen von Augsburg und Ulm nach Mailand kam Lindau von Mitte des 14. bis Ende des 15. Jhs. zu großem Reichtum. Der damals eingeführte Postdienst »Mailänder Bote« verkehrte noch bis ins 19. Jh. 1528 schloss sich Lindau mit anderen schwäbischen Städten der Reformation an. 1805 fiel die Inselstadt an das neu gegründete Königreich Bayern, das damit Zugang zum Bodensee erhielt. Nach französischer Besatzung 1945 hatte Lindau zunächst einen staatsrechtlichen Sonderstatus und war zehn Jahre lang eine Art selbstständiger Kleinstaat, bis die Stadt 1955 wieder Bayern angegliedert wurde.

dem Mittelalter als Leuchtturm gedient hatte. Der westlich den Hafen begrenzende **Bahnhof**  wurde im Jahr 1853 auf der Insel angelegt, weil damals der Anschluss an die Schifffahrt eine große Bedeutung für den Gütertransport hatte. Die für heutige Verhältnisse etwas abseitige Lage des Bahnhofs hat damit ebenso historische Gründe wie die Linienführung der Eisenbahn von hier über Kempten nach München, die südlich um das württembergische Allgäu herumgelegt werden musste. Das erst 60 Jahre später erbaute repräsentative Bahnhofsgebäude kann mit bemerkenswerten Jugendstildetails aufwarten.

## Diebsturm und Peterskirche

Eine andere Perspektive auf Hafen und Stadt eröffnet sich von den Fenstern des **Diebsturms** (1380) aus, der seinen Namen von der Nutzung als Stadtgefängnis hat. Der andere markante Turm am malerischen Schrannenplatz gehört zur fast 1000 Jahre alten **Peterskirche,** dem ältesten Bauwerk Lindaus, das mit dem Passionszyklus von Hans Holbein d. Ä. das bedeutendste Werk der Malerei in der Stadt besitzt. Als erste Stadtpfarrkirche der Inselstadt war sie dem Patron der Fischer geweiht. Seit den 1920er-Jahren erinnert ein überlebensgroßer Soldat in

Ⓐ Seehafen
Ⓑ Mangturm
Ⓒ Bahnhof
Ⓓ Diebsturm und Peterskirche
Ⓔ Altes Rathaus
Ⓕ Lindaviabrunnen
Ⓖ Marktplatz
Ⓗ Heidenmauer

der Mitte der kleinen Kirche an die Gefallenen der Stadt.

Die **Maximilianstraße** ist die größte Fußgängerzone der Stadt mit einigen schönen Bürgerhäusern. An ihrem Ostende tagten im Gasthaus Zum Sünfzen › **S. 116** früher die Patrizier der gleichnamigen Kaufmannsgesellschaft.

### Am Alten Rathaus **E**

Etwas zurückgesetzt steht in der Mitte der Straße das **Alte Rathaus** von 1436 mit dem schönen Verkünderker und einer ausladenden Freitreppe; die Fassade schmückt eine historisierende Malerei von 1890/1972. Das Erdgeschoss beherbergt die Reichsstädtische Bibliothek mit 23 000 Bänden. Die ebenfalls bemalte Rückseite blickt zum Hafen und auf den ehemaligen Fischmarkt mit dem **Lindaviabrunnen F** von 1884, dessen Figuren die früher wichtigen Wirtschaftszweige Lindaus symbolisieren: Fischerei und Schifffahrt, Landwirtschaft sowie Obst- und Weinbau.

### Historisches Zentrum

Das historische Zentrum der Stadt ist der fast ausschließlich von barocken Bauten eingerahmte **Marktplatz G** mit dem Neptunbrunnen in der Mitte. Das **Haus zum Cavazzen** aus dem Jahr 1729 an der Westseite des Platzes hat den Ruf, das schönste Bürgerhaus am Bodensee zu sein. Bedeutend ist das darin untergebrachte **Stadtmuseum,** das bürgerliche Wohnkultur vom Mittelalter bis zum Jugendstil, eine Gemäldesammlung (15.–18. Jh.) sowie eine

kleine Sammlung von Uniformen und Waffen zeigt (Marktplatz 6, D-88131 Lindau, Tel. 0 83 82/ 94 40 73, April–Okt. tgl. 10–18).

Auf der anderen Seite des Platzes stehen Seite an Seite die beiden Stadtpfarrkirchen: die maßvoll barockisierte evangelische **Stephanskirche** mit Originalbänken aus dem 18. Jh. und das barocke **Münster Unserer Lieben Frau (St. Maria),** dessen Deckenbemalung 1922 durch einen Brand und 1987 durch Einsturz zerstört wurde.

Am Ausgang der Altstadt zur Brücke hin steht die in karolingischer oder staufischer Zeit errichtete **Heidenmauer H**, ein letzter Rest der früher massiven Stadtbefestigung, die ebenso wenig römisch ist wie die Römerschanze am Hafen. Östlich davon setzt der moderne zylindrische Bau der **Bayerischen Spielbank** seit 1999 einen auffälligen architektonischen Kontrapunkt.

## Das Festland

Die hier liegenden Stadtteile mit alten Dorfkernen werden gern als Gartenstadt bezeichnet, denn in die Drumlinlandschaft eingebettet, sind sie nicht so dicht bebaut und durch Grünzüge aufgelockert. Im Ortsteil Aeschach liegt ein Juwel der Strandbadkultur: das hellgrüne **Aeschacher Bad** steht wie seine großen Pendants in Rorschach und Bregenz auf Holzpfählen › **S. 99**.

### Info
**Tourismus Service**
• Alfred-Nobel-Platz 1 | D-88131 Lindau Tel. 0 83 82/26 00 30 | www.lindau.de

Erlesen speisen im Restaurant Villino

## Hotels

### Helvetia €€€
Viele der recht modern gestalteten Zimmer und Suiten verfügen über Seeblick. Highlight ist der Yacht Room auf dem hauseigenen Boot. Wellnessbereich.
• Seepromenade
  Tel. 0 83 82/91 30
  www.hotel-helvetia.com

### Lindauer Hof €€€
Der traditionsreiche Familienbetrieb mit modernem Interieur liegt direkt an der Hafeneinfahrt.
• Seepromenade
  Tel. 0 83 82/40 64
  www.lindauer-hof.de

### Alte Post €€
Freundliches Traditionshotel mit stilvollen Zimmern, schöner Dachterrasse und rustikalem Restaurant.
• Fischergasse 3 | Tel. 0 83 82/93 46-0
  www.alte-post-lindau.de

### Landhotel Martinsmühle €€
Ländlich-idyllisch gelegener umgebauter Bauernhof nahe Degersee, ca. 8 km nordwestlich vom Lindauer Zentrum.

Zimmer im Landhausstil, hausgemachte Destillate und Marmeladen. März–Okt.
• Bechtersweiler 25 | Tel. 0 83 82/58 49
  www.landhotel-martinsmuehle.de

### Montfort-Schlössle €€
Der Landgasthof von 1575 bietet dank seiner Lage auf der Streitelsfinger Anhöhe die wohl schönste Aussicht über den östlichen Bodensee. April–Okt.
• Streitelsfinger Str. 38
  Tel. 0 83 82/7 28 11
  www.montfort-schloessle.de

## Restaurants

### Villino €€€
Die ![!] sterngekrönte Gourmetküche im gleichnamigen Hotel kombiniert asiatische, mediterrane und regionale Einflüsse. Reservieren! Tgl. ab 18 Uhr.
• Hoyerberg 34
  Tel. 0 83 82/9 34 50 | www.villino.de

### Gasthof Adler €€
Schwäbische Küche und frische Bodenseefische im ältesten Gasthof der Region (1560) in Oberreitnau. Do geschl.
• Bodenseestr. 16 | Tel. 0 83 82/52 68
  www.adler-lindau.de

### Köchlin €€
Landgasthof mit großem Biergarten im Stadtteil Aeschach; schwäbische und bayerische Küche. Nov.–Mai Mo geschl.
• Kemptener Str. 41
  Tel. 0 83 82/9 66 00
  www.hotel-koechlin.de

### Zum Sünfzen €€
In die mittelalterliche Trinkstube kehrten einst Händler, Postboten und Patrizier ein, die auf der Route von Lindau nach Mailand reisten. Heute werden über-

wiegend schwäbisch-bayerische Gerichte aufgetischt. Nov./Dez. Do geschl.
• Maximilianstr. 1
Tel. 0 83 82/58 65
www.suenfzen.de

**Zur Fischerin** €
Die einst als reine Vesperstube gegründete Weinstube führt eine kleine Kunst-
galerie und ist für ihren Käsesalat bekannt. Mo/Di geschl.
• Ludwigstr. 50 | Tel. 0 83 82/54 28
www.fischerin.com

**Café Vogler** €
Seit über 50 Jahren sorgt die Konditorei
und Confisérie für süßen Genuss im ersten Kaffeehaus der Stadt. Mi/So geschl.
• Hintere Metzgergasse 14
Tel. 0 83 82/94 44 20
www.cafe-vogler.de

### Shopping
**Hensler Kaffeespezialitäten**
In der südlichsten Kaffeerösterei
Deutschlands kommt aromatischer
Kaffee aus dem traditionellen Trommel-
röster. Sa/So geschl.
• Marktplatz 1 | Tel. 0 83 82/2 68 99
www.hensler-kaffee.de

**Wochenmarkt**
Gleich dreimal pro Woche zieht der Wochenmarkt mit Fisch und Gemüse Einheimische und Reisende gleichermaßen
an: mittwochs und samstags direkt auf
der Insel am Marktplatz, dienstags in
Aeschach am Parkplatz »Auf der Lärche«.

### Nightlife
**Club Vaudeville**
Kneipe und Halle für 600 Personen,
regelmäßig Konzerte und Kleinkunst.

• Von-Behring-Str. 6–8
Tel. 0 83 82/97 71 16
www.vaudeville.de

**Nana**
Angesagter Restaurant-Café-Club über
dem Lindauer Hafen mit Dachterrasse,
orientalischem Teeraum und Hafenbar.
• Bahnhofsplatz 1 | Tel. 0 83 82/9 34 70
www.nana-lindau.de

# Bad Schachen 2 [G4]

Der nach Lindau eingemeindete
Vorort Bad Schachen, bereits 1474
als Heilbad erwähnt, avancierte ab
Mitte des 19. Jhs. zum mondänen
Kurbad, in dem das bayerische Kö-
nigshaus und sein Hofstaat abstie-
gen. Aus dieser Zeit stammen die
prächtigen Villen und Parkanlagen.

In einem der schönsten Landsitze
am See, der spätklassizistischen
Villa Lindenhof, wurde von der katholischen Friedensbewegung Pax
Christi das **Friedensmuseum** eingerichtet und nach einer Umgestaltung
als »Friedensräume – Museum in
Bewegung« wieder eröffnet (Lin-
denhofweg 25, D-88131 Lindau, Tel.
0 83 82/2 45 94, Mitte April–Mitte
Okt. Di–Sa 10–17, So 14–17 Uhr,
www.friedens-raeume.de).

### Hotel
**Hotel Bad Schachen** €€€
Lindaus Grandhotel ❗ mit exklusivem
Spa steht seit 250 Jahren in einem Park
unmittelbar am See im Ortsteil Bad
Schachen.
• Bad Schachen 1 | D-88131 Lindau
Tel. 0 83 82/29 80
www.badschachen.de

## Restaurant

**Schachener Hof** €€–€€€

Das gediegene Restaurant im kleinen Familienhotel ist auf Bodenseefisch spezialisiert – der Restaurantführer Gault Millau vergab dafür 16 Punkte. Di/Mi geschl. **50 Dinge** ⑯ › **S. 13.**

• Schachener Str. 76
  Tel. 0 83 82/31 16
  www.schachenerhof-lindau.de

# Wasserburg am Bodensee ③ [G4]

Eines der am meisten fotografierten Motive am Bodensee ist sicherlich das hübsche Ensemble von barocker Kirche St. Georg, Schloss und Malhaus auf der Halbinsel von Wasserburg (3600 Einw.). Den besten Blick darauf, mit den Vorarlberger Alpen im Hintergrund, hat man vom **Malerwinkel** auf der Westseite der unter Naturschutz stehenden Wasserburger Bucht. Seitdem die einst reichen Fugger als Schlossherren 1720 die Reparatur der Zugbrücke nicht mehr bezahlen konnten und ein Hochziehen der Brücke nicht mehr möglich war (so die Anekdote), ist die frühere Insel nur noch eine Halbinsel. Einheimische und Gäste treffen sich zu Musik und Festschmaus beim traditionellen **Halbinselfest** am zweiten Sonntag im August. Das im früheren Gerichtshaus (1597) untergebrachte **Museum im Malhaus** präsentiert die Geschichte Wasserburgs – wo noch im 17. Jh. einige Frauen als Hexen verbrannt wurden – und v. a. die Entwicklung von Bootsbau und Fischerei (Halbinselstr. 77, D-88142 Wasserburg, Tel. 0 83 82/8 93 69, Mai–Okt. Di–Fr, So 10.30–12.30, Mi, Sa/So auch 14.30–17 Uhr, www.museum-im-malhaus.de).

Felchen – bekanntester und beliebtester Speisefisch am Bodensee

## Info
### Tourist-Information
• Lindenplatz 1 | D-88142 Wasserburg
  Tel. 0 83 82/88 74 74
  www.wasserburg-bodensee.de

## Hotel
### Zum Lieben Augustin am See €€
Familienhotel auf der Halbinsel in Wasserburg mit mehreren Häusern auf dem Anwesen. Schwimmbad, Wellnessbereich, hauseigener Badestrand und mehrere Gaststuben.
• Halbinselstr. 70 | Tel. 0 83 82/9 80-0
  www.hotel-lieber-augustin.de

## Restaurants
### Eulenspiegel €€
Café-Restaurant in altem Fachwerkhaus mit schwäbischer Küche und Sonntagsbrunch. Mo/Di geschl.
• Dorfstr. 25 | Tel. 0 83 82/9 89 64 52
  www.eulenspiegel-wasserburg.de

### Wilhelmshöhe €–€€
Direkt am Bodensee-Radweg gelegener Gasthof, in dem der Chef des Hauses am Herd steht. Spezialität sind die hausgemachten Wurstwaren. Mo/Di geschl., längere Herbst-/Winterpause
• Reutener Str. 73
  Tel. 0 83 82/5 04 32 31
  www.wilhelmshoehe-bodensee.de

# Kressbronn am Bodensee **4** [G4]

Der Ort (8400 Einw.) ist vor allem durch die einstige Bodan-Werft bekannt, in der bis 2010 die großen Bodenseeschiffe gebaut wurden – etwa die zwischen Konstanz und Friedrichshafen verkehrenden Katamarane › **S. 25**. Mit Ausnahme des im **Schlössle** untergebrachten Museums für Historische Schiffsmodelle von Bootsbaukünstler Ivan Trtanj (Seestr. 20, D-88079 Kressbronn, Tel. 0 75 43/54 74 60, April–Okt. tgl. außer Mo 10–12, 15–18 Uhr, www.historische-schiffsmodelle.com) und der alten Kabelhängebrücke nach Langenargen, der Argenbrücke › **S. 120**, besitzt der Ort zwar kaum Sehenswürdigkeiten, ist aber ein guter Ausgangspunkt für Ausflüge in die hügelige Umgebung.

## Info
### Tourist-Information
• Im Bahnhof | D-88079 Kressbronn
  Tel. 0 75 43/96 65-0
  www.kressbronn.de

## Hotels
### Teddybärenhotel Peterhof €€
**!** Erlebnishotel rund um Teddybären mit Teddyshop. Im Restaurant (Di geschl.) kommen nur Lebensmittel aus artgerechter Erzeugung auf den Tisch.
• Nonnenbacher Weg 33
  Tel. 0 75 43/96 27-0
  www.teddybaerenhotel.de

### Claudi's Radl Stadl €
Kinderfreundliches Familienhotel mit selbst gebauten Betten und speziellen Dinkelspelzmatratzen.
• Kirchstr. 9 | Tel. 0 75 43/61 53
  www.radlstadl-bodensee.de

## Restaurant
### Max & Moritz €€
Gasthaus-Brauerei im Ortsteil Berg hoch über Kressbronn mit naturbelassenem

Bier und regelmäßigen Aktionstagen wie z. B. mittwochs Spare Ribs »all you can eat«. Jan./Febr. geschl.

• Weinbichl 6
Tel. 0 75 43/65 08
www.maxmoritz-bier.de

# Langenargen 5 [F4]

Das Kulturstädtchen (7900 Einw.) sieht sich selbst als Sonnenstube am Bodensee. Kein Wunder, dass genau hier die längste, mit zahlreichen Blumenanlagen geschmückte See-promenade des ganzen Sees zu fin-den ist. Wahrzeichen von Langen-argen ist **Schloss Montfort,** das 1864 im maurischen Stil für den würt-tembergischen König erbaut wurde und heute für Tagungen, Konzerte und Hochzeiten genutzt wird. Der Turm erlaubt nach einem Aufstieg über 149 Stufen eine tolle Aussicht auf den Obersee (Untere Seestr. 3, D-88085 Langenargen, Tel. 0 75 43/ 91 27 12, Restaurant April–Mitte Okt. tgl. außer Mo ab 14 Uhr, sonst nur Sa/So, www.vemax-gastro.de).

Das **Museum Langenargen** im ehemaligen Pfarrhof gegenüber der spätgotischen Barockkirche St. Mar-tin beherbergt eine bedeutende Sammlung regionaler Kunst (Markt-platz 20, Tel. 0 75 43/34 10, April bis Okt. tgl. außer Mo 11–17 Uhr, www.museum-langenargen.de).

Ein technisches Highlight ist die 1897 errichtete **Argenbrücke** zwi-schen Langenargen und Kressbronn, die als zweitälteste Kabelhängebrü-cke Deutschlands die Argen über-spannt. Sie ist jedoch für Kraftfahr-zeuge gesperrt. **50 Dinge** ㉛ › S. 15.

## Info
**Tourist-Information**
• Obere Seestr. 2/1
D-88085 Langenargen
Tel. 0 75 43/93 30 92
www.langenargen-tourismus.de

## Hotels
**Hotel Karr** €€–€€€
Liebevoll eingerichtete, farbenfrohe Zim-mer im familiengeführten kleinen Hotel-juwel mit beliebtem Fischrestaurant.
• Oberdorfer Str. 11 | Tel. 0 75 43/3 09-0
www.hotelkarr.de

**Amtshof** €€
Zünftig wohnen im historischen Amts-hof von anno 1590, der mit baubiolo-gischen Werkstoffen renoviert wurde. Auch Wellnessangebote.
• Obere Seestr. 43 | Tel. 0 75 43/12 68
www.amtshof-langenargen.de

## Restaurants
**Schwedi** €€–€€€
Das Hotelrestaurant am Naturschutzge-biet mit Gartenterrasse direkt am See ist v. a. für seine Fischgerichte mit Fischen aus eigener Zucht bekannt. Di geschl.
• Schwedi 1 | Tel. 0 75 43/9 34 95-0
www.hotel-schwedi.de

**Schuppen 13** €€
Beliebtes italienisches Restaurant mit saisonal wechselnder Speisekarte in mediterraner Atmosphäre am BMK Jachthafen. Mo geschl.
• Argenweg 60 | Tel. 0 75 43/15 77
www.schuppen13.de

**KavalierHaus** €
Einst diente das historische Gebäude den Schlossbediensteten als Unterkunft,

heute genießen die Restaurantgäste Crossover-Küche und den Ausblick auf See und Schloss. Mo geschl.

• Untere Seestr. 7 | Tel. 0 75 43/91 25 10 www.kavalier-haus.de

### Nightlife
**Bach**

Restaurant, Terrasse und Bar im modernen Konzepthaus »Fabrik am See« mit mediterraner Küche. Der lange Bartresen ist Treffpunkt zum Chillen. So geschl.

• Mühlstr. 10 | Tel. 0 75 43/49 93 83 www.bachbar.de

Sibirische Schwertlilien im Eriskircher Ried

## Eriskirch 6 [F3–F4]

Unter Naturliebhabern ist Eriskirch (4800 Einw.) bekannt durch das **Eriskircher Ried**, das größte Naturschutzgebiet am Nordufer des Bodensees (Informationszentrum im alten Bahnhof, Bahnhofstr. 24, D-88097 Eriskirch, Tel. 0 75 41/8 18 88, www.naz-eriskirch.de). Ende Mai/Anfang Juni entfaltet das Ried mit der Blüte der Sibirischen Schwertlilie seine größte Farbenpracht: lila bis blau auf grünem Grund. **50 Dinge** ㉖ › S. 15.

Kunstgeschichtlich interessant ist im Ort die **Liebfrauenkirche** (um 1400), deren Fresken für die Spätgotik so bedeutend sind wie die Reichenauer Bilder in der Stiftskirche › **S. 65** für die Romanik.

### Info
**Verkehrsamt**

• Schussstr. 18
D-88097 Eriskirch
Tel. 0 75 41/97 08-22
www.eriskirch.de

## Friedrichshafen 7 [F3]

Die Stadt (58 400 Einw.) ist als Messe- und Industriestandort bekannt, aber auch für Besichtigungen interessant und wegen ihrer guten Verkehrsverbindungen ein idealer Ausgangspunkt für Ausflüge in das hügelige Hinterland. Friedrichshafen entstand 1811 durch die vom württembergischen König Friedrich I. veranlasste Vereinigung der mittelalterlichen Stadt Buchhorn mit dem ehemaligen Kloster (und Dorf) Hofen.

Das 1802 säkularisierte Kloster war seit einem Umbau 1830 die Sommerresidenz der württembergischen Königsfamilie. Heute ist es Sitz des Herzogs von Württemberg und nicht zugänglich, abgesehen von der **Schlosskirche** (1702). Sie besitzt schöne Stuckaturen und Schnitzereien und ist mit ihren beiden 55 m hohen Zwiebeltürmen das Wahrzeichen von Friedrichshafen (www.schlosskirche-fn.de).

Das Friedrichshafener Zeppelin-Museum

## An der Uferpromenade

Die Uferanlagen sind vor allem im Sommer das eigentliche Zentrum der Stadt, das jedes Jahr Ende Juli/Anfang August mit dem **Festival Kulturufer** zusätzlich belebt wird (www.kulturufer.de). Der unprätentiöse moderne Bau des Kultur- und Kongresszentrums **Graf-Zeppelin-Haus** schließt die Uferpromenade im Westen ab.

Gegenüber lohnt das **Schulmuseum** einen Besuch, das über mehr als 1000 Jahre Schulgeschichte informiert und beispielsweise auch drei originalgetreu eingerichtete Klassenzimmer aus den Jahren 1850, 1900 sowie 1930 präsentiert (Friedrichstr. 14, D-88045 Friedrichshafen, Tel. 0 75 41/3 26 22, April bis Okt. tgl. 10–17, Nov.–März tgl. außer Mo 14–17 Uhr, www.schulmuseum-fn.de).

❗ Einen schönen Blick über den Hafen und die Altstadt bietet der im Jahr 2000 fertiggestellte, für Besucher frei zugängliche **Moleturm**.

## Zeppelin-Museum

Das Museum ist im einstigen Hafenbahnhof untergebracht, dem in der Region bedeutendsten Beispiel des kubischen Bauhausstils. Er wurde durch einen speziell für die Bedürfnisse des Museums konzipierten Anbau in den 1990er-Jahren erweitert. Mit Industriekultur und Kunst werden zwei sehr unterschiedliche Aspekte der regionalen Kultur präsentiert: Der Name des Museums weist auf die Geschichte der Luftschifffahrt als Schwerpunkt hin. Attraktion hier ist der originalgetreue Nachbau eines 40 m langen Teils des Luftschiffs »Hindenburg«, das 1937 einem Brand zum Opfer fiel. Die Abteilung Kunst umfasst Objekte vom späten Mittelalter bis zur Moderne, darunter die weltweit größte Otto-Dix-Sammlung (Seestr. 22, 88045 Friedrichshafen, Tel. 0 75 41/38 01 0, Mai bis Okt. tgl. 9–17, Nov.–April tgl. außer Mo 10–17 Uhr, www.zeppelin-museum.de).

# Dornier Museum

Vor 100 Jahren begann Claude Dornier als genialer Ingenieur bei den Zeppelinwerken und machte sich schnell mit eigenen Flugbooten wie der legendären Do-X einen Namen. Unternehmergeist und Zukunftsvisionen der Firma Dornier stehen im Vordergrund des 2009 eröffneten modernen Museums, das bewusst in der Nähe des Flughafens Friedrichshafen angesiedelt ist. Die fesselnde Ausstellung zeigt interessante Flugzeuge und einen Teil der Weltraumstation Spacelab (Claude-Dornier-Platz 1, 88046 Friedrichshafen, Tel. 0 75 41/4 87 36 00, Mai bis Okt. 9–17 Uhr, Nov.–April tgl. außer Mo 10–17 Uhr, www.dornier museum.de). **50 Dinge** (27) › S. 15.

## Info

**Tourist-Information**
- Bahnhofplatz 2
  D-88045 Friedrichshafen
  Tel. 0 75 41/30 01-0
  www.friedrichshafen.info

## Hotels

**Buchhorner Hof** €€–€€€
Haus mit über 100-jähriger Tradition und dem ältesten Restaurant der Stadt.
- Friedrichstr. 33 | 88045 Friedrichshafen
  Tel. 0 75 41/2 05-0
  www.buchhorn.de

**Ringhotel Krone**
**Schnetzenhausen** €€
Familiengeführtes Viersternehaus am nordwestlichen Stadtrand mit Wellness-oase, Tennishalle und Minigolfplatz.
- Untere Mühlbachstr. 1
  88045 Friedrichshafen

Tel. 0 75 41/40 80
www.ringhotel-krone.de

## Restaurants

**Glückler** €€
Historische Weinstube gegenüber dem Graf-Zeppelin-Haus; für ihre Fischgerichte, Crêpes und Galettes bekannt.
- Olgastr. 23 | 88045 Friedrichshafen
  Tel. 0 75 41/2 21 64
  www.weinstube-glueckler.de

**Lukullum** €€
Das Erlebnisrestaurant bietet immer wieder etwas Neues, denn die unterschiedlich gestalteten Gaststuben in den Stilen Bodensee, Baden, Bayern, Tirol und Tessin sowie saisonale Gerichte sorgen für Abwechslung. Mo geschl.
- Friedrichstr. 21 | 88045 Friedrichshafen
  Tel. 0 75 41/68 18
  www.lukullum.de

**Zeppelin Museum Restaurant** €€
Der ehemalige Hafenbahnhof ist im Bauhausstil errichtet, große Aussichtsterrasse mit Blick auf See und Berge; oberschwäbische und mediterrane Küche mit viel Fisch.
- Uferstr. 22 | 88045 Friedrichshafen
  Tel. 0 75 41/9 53 00-88
  www.zeppelinmuseum-restaurant.de

**s'Wirtshaus** €–€€
Schwäbische und bayrische Hausmannskost von Kässpätzle bis Schweinshaxen sowie schöner Biergarten mit Aussicht über den Bodensee. Außerdem tgl. ab 9 Uhr Frühstücksbüfett.
- Seestr. 18
  88045 Friedrichshafen
  Tel. 0 75 41/3 88 59 89
  www.swirtshaus.de

## Shopping

### Weltladen

Fair gehandelte Waren von Kaffee über Schokolade und Bio-Lebensmitteln, dazu pfiffigen Geschenkideen.

• Schanzstr. 1 | 88045 Friedrichshafen
  Tel. 0 75 41/3 30 93
  www.weltladen-fn.de

# Immenstaad 🞩 [E3]

Der Ort (6400 Einw.) ist trotz Industrialisierung (Dornier-Werke) ein attraktives Ferienziel mit schönen Fachwerkhäusern.

Vom Hafen legt eine **Lädine** – der Nachbau eines historischen Rahseglers, die noch im 19. Jh. zu Hunderten den See befuhren – von April bis Oktober zu einstündigen Rundfahrten ab, in den Sommermonaten auch zu romantischen Abendfahrten (Tel. 0 75 45/9 01 09 29, www.laedine.de). **50 Dinge** ③ › S. 12.

Besonders für Kinder ist Immenstaad ein lohnenswertes Ziel: Mit dem Strand- und Hallenbad **Aquastaad** samt Pirateninsel (Strandbadstr. 1, D-88090 Immenstaad, im Sommer tgl. 8.30–19 Uhr, www.aquastaad.de) und dem Abenteuer-Park mit Hochseilgarten › S. 26 ist jede Menge Spaß garantiert.

Das gilt auch für die **!** Galerie Seebär, die über eine große Sammlung an Steiff-Stofftieren sowie Barbiepuppen verfügt (Hauptstr. 20a, Tel. 0 75 45/94 14 60, Mo–Fr 9–12, 14.30–18, Sa 9–14 Uhr, Eintritt frei, www.galerie-seebaer.de).

### SEITENBLICK

#### Apfelplantagen

Die weißen Blüten Zigtausender Apfelbäume gehören im Frühling ebenso zur Bodenseelandschaft wie die vom Löwenzahn gelben Wiesen. Anstelle von mit hohen Drahtzäunen umgebenen Plantagen, in denen Traktoren Wolken von Spritzmitteln verbreiten, werden inzwischen wieder vermehrt Streuobstwiesen mit ihren vielfältigen Sorten von kleineren und nicht den Schönheitskriterien der EU entsprechenden Äpfeln bewirtschaftet. So hat man z. B. bei der **Weilermühle** zwischen Friedrichshafen und Oberteuringen [F3] den StreuObstGarten eingerichtet (Tel. 0 75 41/2 42 00, www.bund-friedrichshafen.de). Auf einer 3 ha großen Wiese wachsen hier 45 verschiedene Obstbäume mit seltenen einheimischen Sorten wie etwa Teuringer Rambur. Speziell für Mostbirnen wurde bei der **Staatsdomäne Unterfrickhof** (Owingen-Billafingen bei Überlingen [D2]) ein Sortengarten angelegt, um die 70 Birnensorten zu erhalten, die allein im Linzgau noch vorkommen (Tel. 0 75 57/5 08, www.unterfrickhof.de).

Die erste Mosterei in der Region, die ausschließlich einheimisches, ohne Spritzmittel und Kunstdünger angebautes Streuobst verarbeitet, ist die **Stahringer Streuobstmosterei** bei Radolfzell. Neben verschiedenen Sorten Most aus Gelbmöstlerbirnen und Bohnäpfeln produziert sie auch den Bodensee-Cidre »Brisanti« (Am Bahnhof 7, D-78315 Radolfzell-Stahringen [C2], Tel. 0 77 38/17 29, www.streuobstmosterei.de). **50 Dinge** ㉜ › S. 15.

## Info
**Tourist-Information**
- Dr.-Zimmermann-Str. 1
  D-88090 Immenstaad
  Tel. 0 75 45/2 01-37 00
  www.immenstaad-tourismus.de

## Hotels
**Seehof** €€€
Führendes Hotel mit Wohlfühlambiente, eigenem Badestrand und Liegewiese. Das Gourmetrestaurant (€€€) mit historischer badischer Weinstube gehört zu einem der schönsten Terrassenrestaurants in Deutschland.
- Bachstr. 15 | Tel. 0 75 45/9 36-0
  www.seehof-hotel.de

**Heinzler am See** €€–€€€
Vornehmes Hotel mit Restaurant, Seeblick und Terrasse unter Kastanien.
- Strandbadstr. 3 | Tel. 0 75 45/9 31 90
  www.heinzleramsee.de

**Pension Hardthof** €
Familienfreundliche Pension in einem alten Holzhaus am Ortsrand von Immenstaad mit eigenem Badestrand.
- Hardtstr. 74 | Tel. 0 75 45/67 31
  www.pension-hardthof.de

## Restaurants
**Am Häfele** €€
Das legere Restaurant im Jachthafen mit Terrasse und Aussicht auf den Bodensee bietet ein umfangreiches Speiseangebot.
- Bachstr. 17 | Tel. 0 75 45/93 69 12
  www.amhaefele.de

**Reblandhof** €
Der Gutshof im Ortsteil Kippenhausen betreibt eine Besenwirtschaft und verkauft Wein aus eigenem Anbau. Ende

März–Anfang Nov. ab 18 Uhr, Di geschl. **50 Dinge** ⑰ › S. 14.
- Kupferbergstr. 2 | Tel. 0 75 45/67 84
  www.reblandhof-siebenhaller.de

## Hagnau 9 [E3]

In dem Winzer- und Fischerdorf (1400 Einw.) wurde Weinbaugeschichte geschrieben: Hier brachte 1881 der Pfarrer und Volksschriftsteller Heinrich Hansjakob die Winzer dazu, sich zur ersten Winzergenossenschaft Badens zusammenzuschließen.

Die barocke Ausstattung der ursprünglich spätgotischen Kirche **St. Johann Baptist** wurde 1980 durch eine erstaunlich gut zu den älteren Elementen passende Deckenbemalung im Art-déco-Stil ergänzt. Das **Schloss Kirchberg** (16.–19. Jh.) östlich von Hagnau war früher – neben Birnau › **S. 138** – eine weitere Sommerresidenz der Äbte von Salem.

## Info
**Tourist-Information**
- Seestr. 16 | D-88709 Hagnau
  Tel. 0 75 32/43 00-43
  www.hagnau.de

## Hotel
**Der Löwen** €€
Das familiär geführte Hotel im Fachwerkhaus, etwas vom See entfernt, verfügt über eine eigene Konditorei, ein Restaurant im historischen Kreuzgewölbe, einen japanischen Teichgarten direkt am Haus sowie einen eigenen Privatstrand.
- Hansjakobstr. 2
  Tel. 0 75 32/4 33 98-0
  www.loewen-hagnau.de

## Restaurants

### Keltenschenke €€
Rustikaler Familienbetrieb in auffälligem
Fachwerkhaus mit türkisfarbenen Balken. Do geschl., längere Winterpause
• Dr.-Fritz-Zimmermann-Str. 3
  Tel. 0 75 32/73 75
  www.keltenschenke.de

### Rebstöckle €–€€
Im kleinen Hotelrestaurant gibt es deftige Gerichte aus regionalen Zutaten, dazu Hagnauer Weine.
• Seestr. 10 | Tel. 0 75 32/43 19-0
  www.hotel-rebstoeckle.de

## Shopping

### Burgunderhof
Ökologisches Weingut mit Brennerei,
aus der feine Destillate kommen.
Sa/So geschl.
• Am Sonnenbühl 70
  Tel. 0 75 32/8 07 68-0
  www.burgunderhof.de

### Winzerverein Hagnau
Ladengeschäft des preisgekrönten
Winzervereins. So geschl.
• Strandbadstr. 7
  Tel. 0 75 32/10 30
  www.hagnauer.de

# Tettnang 10 [F3–G3]

Etwas abseits im Hinterland des Bodensees liegt die durch Hopfen und
Spargel bekannte Kleinstadt (18 500
Einw.). Die Grafen von Montfort-
Tettnang (13.–18. Jh.) hinterließen
der Stadt drei Schlösser. Das größte
und bekannteste ist das zwischen
1712 und 1770 erbaute **Neue Schloss**
im Südwesten der Altstadt, das in-

zwischen Sitz verschiedener Behörden ist (Montfortplatz 1, D-88069
Tettnang, Tel. 0 75 42/5 10-5 00,
April–Okt. tgl. außer Mi 11–18 Uhr,
www.schloss-tettnang.de). Die Geschichte der Stadt und der Grafen
wird im ❗ Montfort-Museum im
Torschloss (15. Jh.) gezeigt (Montfortstr. 43, Tel. 0 75 42/5 10-1 80,
April–Okt. tgl. außer Mo 14 bis
18 Uhr, Eintritt frei). Außerdem ist
dort das ❗ Elektronikmuseum
untergebracht (wie oben, Eintritt
frei, www.emuseum-tettnang.de).
Das **Alte Schloss** (1667) gegenüber
der St.-Georgs-Kapelle im Rokokostil beherbergt heute das Rathaus.

Der Geschichte des Hopfenanbaus widmet sich das **Hopfengut
No20** in Siggenweiler, 3 km nordöstl. von Tettnang (Hopfengut 20,
Tel. 0 75 42/95 22 06, April–Okt.
tgl. außer Mo 10.30–17 Uhr, www.
hopfengut.de). Nach dem Besuch
der Ausstellung lockt die Einkehr in
der gemütlichen Gaststätte Bierstängel. Ein Architekturdenkmal ist
die **Hopfenburg** beim Hofgut Kaltenberg, in der über 100 Jahre Hopfen getrocknet wurde.

## Info

### Tourist-InfoBüro
• Montfortstr. 41 | D-88069 Tettnang
  Tel. 0 75 42/5 10-5 00
  www.tettnang.de

## Hotel

### Hotel Rad €€
Persönlich geführtes Hotel in einem
Fachwerkhaus mit 500-jähriger Tradition. Das Restaurant ist ein Paradies für
Spargelfans. **50 Dinge** ⑮ › S. 13.

• Lindauer Str. 2
Tel. 0 75 42/5 40-0
www.hotel-rad.com

### Restaurant
**Brauerei Tettnanger Krone** €–€€
Über 160 Jahre alte Brauerei, deren Bio-
Bier köstlich schmeckt; serviert wird
schwäbische Küche. Auch acht indivi-
duell gestaltete Gästezimmer (€€€);
Gasthof Mo geschl.
• Bärenplatz 7 | Tel. 0 75 42/74 52
www.tettnanger-krone.de

### Shopping
**Likörmanufaktur**
Brennmeister Uwe Traubs traditionell-
modern hergestellte Liköre sind inzwischen DLG-prämiert.
• Wiedenbach 3 | Tel. 0 75 42/95 33 44
www.likoermanufaktur-tettnang.de

# Ravensburg 🟧11 ⭐10 [G2]

Das gut erhaltene mittelalterliche
Stadtbild Ravensburgs (49 200 Einw.)
zeigt die Größe der Stadt schon zu
Zeiten, als andere Industriestädte
der Region noch Bauerndörfer waren. Hier haben sich in den letzten
200 Jahren zahlreiche Betriebe niedergelassen, wobei der zweitgrößte
von ihnen durch Spiele und Bücher
auch seinerseits die Stadt im In- und
Ausland bekannt gemacht hat.

## Altstadt und Unterstadt

Die Altstadt besteht aus der unterhalb der **Veitsburg** (525 m, heutiger
Bau 1750, Jugendherberge und Restaurant) befindlichen staufischen
Oberstadt (um 1250 angelegt) und
der nach einem regelmäßigeren Plan

Blick über Ravensburg

westlich angebauten jüngeren Unterstadt. Beide Stadtteile sind durch
den aus zwei breiten Straßen beste-
henden **Marienplatz** getrennt.

Am Nord- und Südende des Marienplatzes stehen die alten Kirchen
der großen Konfessionen, die beide
ursprünglich Klosterkirchen von
mittelalterlichen Bettelorden waren:
Die im 14. Jh. erbaute katholische
**Liebfrauenkirche** Ⓐ zeigt den einfa-
chen Stil der franziskanischen Kirchen, besitzt aber schöne gotische
Glasfenster im Chor. Die frühere
Klosterkirche der Karmeliter (um
1350, Turm 1843) dient seit der Reformation als evangelische **Stadtkirche** Ⓑ. Die Pfarrkirche **St. Jodok** Ⓒ
(1385) ist so erhalten, wie sie im
gotischen Stil als Kirche für die Unterstadt erbaut wurde. Die Mitte des
lang gezogenen Marienplatzes mar-
kiert der 51 m hohe **Blaserturm** Ⓓ
(Aussichtsplattform April–Anfang
Okt. tgl. 11–16 Uhr) mit dem als

Textilhandelshaus 1498 erbauten Waaghaus, an dessen Südseite sich das gotische **Rathaus** Ⓔ (1318 bis 1386) anschließt.

Das einzige größere Bauwerk Ravensburgs aus dem Frühbarock ist das Brotlaube genannte **Alte Theater** Ⓕ von 1625, in dessen Saal früher die Städtische Galerie untergebracht war (Gespinstmarkt).

Zu einer Entdeckungsreise durch Geschichte und Gegenwart der Ravensburger Spiele und Puzzles lädt das 1000 m² umfassende **Museum Ravensburger** Ⓖ im Stammhaus der Unternehmensgruppe auf drei Etagen ein (Marktstr. 26, D-88212 Ravensburg, Tel. 07 51/86 13 77, im Sommer tgl. außer Mo 10–18, im Winter ab 11 Uhr, www.museumravensburger.de). Wenige Schritte entfernt lockt das 2013 neu eröffnete **Kunstmuseum** Ⓗ (Burgstr. 9, Tel. 07 51/82-8 10, tgl. außer Mo 11–18, Do bis 19 Uhr www.kunstmuseum-ravensburg.de).

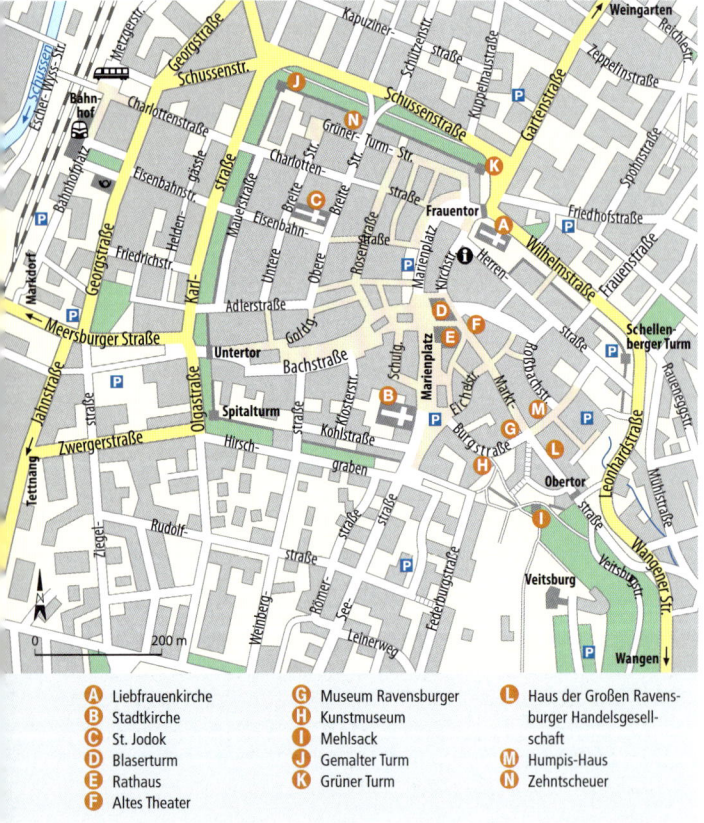

Ⓐ Liebfrauenkirche
Ⓑ Stadtkirche
Ⓒ St. Jodok
Ⓓ Blaserturm
Ⓔ Rathaus
Ⓕ Altes Theater
Ⓖ Museum Ravensburger
Ⓗ Kunstmuseum
Ⓘ Mehlsack
Ⓙ Gemalter Turm
Ⓚ Grüner Turm
Ⓛ Haus der Großen Ravensburger Handelsgesellschaft
Ⓜ Humpis-Haus
Ⓝ Zehntscheuer

# Ravensburgs Türme

In Ravensburg sind von der mittel-alterlichen Stadtbefestigung (um 1350) noch mehr Türme als in den meisten anderen Städten erhalten. Jeder der Türme hat eine andere Form, und sie besaßen alle eine eigene Funktion.

Markantes Wahrzeichen der Stadt ist der 51 m hohe zylinderför-mige **Mehlsack** ❶, der seinen Namen von dem ehemals weißen Verputz hat und ursprünglich der Kontrolle der Veitsburg durch die Bürger diente; heute bietet er eine gute Aussicht. Schräg gegenüber, an der nordwestlichen Ecke der Stadt, steht der quadratische **Gemalte Turm** ❶ mit verschiedenen Wappen und einem Rautenmuster. Der **Grüne Turm** ❶ beim Frauentor mit seinen größtenteils original erhaltenen grünen Dachziegeln war einst ein Gefängnis. Weitere markante Türme sind der **Spitalturm** und **Schellenberger Turm**.

# Patrizierhäuser

In der ganzen Altstadt findet man repräsentative Patrizierhäuser aus der Blütezeit der Stadt, wie das **Haus der Großen Ravensburger Handelsgesellschaft** ❶ (1446) in der Marktstraße und einfachere Häuser wie das **Humpis-Haus** ❶. Letzteres wurde mit sechs benachbarten historischen Häusern zum **Städtischen Museum Humpis-Quartier** ausgebaut, einem der größten kulturhistorischen Museen in Oberschwaben (Marktstr. 45, Tel. 07 51/82-8 20, tgl. außer Mo 11–18, Do bis 20 Uhr, www.museum-humpis-quartier.de).

In der nordwestlichen Ecke der Altstadt steht die aus dem 14. Jh. stammende ehemalige Getreidescheune **Zehntscheuer** ❶, die seit der Sanierung in den 1970er-Jahren als Kleinkunstbühne dient.

## Info

**Tourist Information**
• Kirchstr. 16 | D-88212 Ravensburg
Tel. 07 51/82-8 00
www.ravensburg.de

## Hotels

**Bärengarten** €€–€€€
Modernes Stadthotel hinter 100-jähri-ger Fassade mit ansprechendem Design. Die Zigarrenlounge erinnert an einen Gentlemen's Club in England. Im Wirtshaus finden häufig Livekonzerte statt.
• Schützenstr. 21
Tel. 07 51/18 97 07-20
www.baerengarten.de

**Residenz** €€
Im Zentrum der Altstadt gelegenes Mittelklassehotel in historischem Haus mit eigener schwäbischer Weinstube »Zum Muke«.
• Herrenstr. 16 | Tel. 07 51/36 98-0
www.residenz-ravensburg.de

## Restaurants

**Gasthaus Lumperhof** €€–€€€
Der etwas außerhalb von Ravensburg idyllisch gelegene Landgasthof mit schönem Biergarten hat sich unter Jochen Fischer in den letzten Jahren zu einem der ❗ besten Restaurants Oberschwabens entwickelt. Mo/Di geschl.
• Lumper 1
Tel. 07 51/3 52 50 01
www.lumperhof.de

**Barbarossa** €€
Gelungene Mischung aus Casual Fine Dining, Café-Brasserie und Bar mit einer der schönsten Terrassen in Ravensburg. So geschl.
• Rosenstr. 4 | Tel. 07 51/35 96 51 55
www.barbarossa.bar

**Café Colours** €
»Colours« klingt nach Benetton, und so ist das mediterran angehauchte Fusion-Café auch mit einem Modeladen der Marke verbunden – glücklicherweise hat es länger geöffnet.
• Bachstr. 25 | Tel. 07 51/3 52 68 28
www.restaurant-ravensburg.de

**Gut Hügle** €
Die Wirtschaft auf dem Erlebnisbauernhof ist für ihre schwäbische Dinnete bekannt, eine Art alemannische Pizza ähnlich einem Elsässer Flammkuchen.
• Bottenreute 7 | Tel. 07 51/6 18 23
www.guthuegle.de

**Nightlife**
**Kantine Club**
Disko, Livemusik und Events in einer ehemaligen Lagerhalle am Bahnhof mit italienischem Restaurant.
• Am alten Gaswerk 1
Tel. 07 51/3 54 23 90
www.kantine-ravensburg.de

# Weingarten 12 [G2]

Als Siedlung ist Weingarten (23 900 Einw.) etwas älter als die größere Nachbarstadt Ravensburg, bekam den heutigen Namen, der ursprünglich nur das Kloster bezeichnet hatte (vom Mittelalter bis 1865 hieß es Altdorf), aber erst mit den Stadt-

rechten. Jedes Jahr im Sommer finden die **Festspiele Weingarten** teils im Kloster, teils im Hof am Schlössle statt (www.klosterfestspiele-weingarten.de). Durch die Pädagogische Hochschule für Südwürttemberg und die Fachhochschule ist die Industriestadt (Maschinenbau) auch ein wichtiges Bildungszentrum.

Die **Basilika** ⭐ macht Weingarten zu einer der wichtigsten Stationen an der Oberschwäbischen Barockstraße. Die St. Martin von Tours geweihte Kirche ist schon von ihren Ausmaßen her (102 m lang, knapp 67 m hohe Zentralkuppel) die größte Barockkirche Deutschlands. Über 200 Künstler sowie Kunsthandwerker waren 1715 bis 1724 an ihrer Erbauung und Ausgestaltung beteiligt. Die Orgel von Joseph Gabler (1750) ist eine der größten und klangvollsten in Deutschland. Sehenswerte Teile der Ausstattung sind die Deckenfresken (C. D. Asam), der Hochaltar und die Querschiff-Altäre, Chorgestühl sowie perspektivisches Chorgitter.

Symbol der Frömmigkeit der oberschwäbischen Katholiken ist die **Heiligblut-Reliquie,** die dem Kloster 1094 vermacht wurde. Jedes Jahr am Freitag nach Christi Himmelfahrt wird sie beim Weingartener Blutritt in einer großen Prozession mit etwa 2500 Reitern verehrt.

Ein **Stadterlebnispfad** verbindet das Kloster mit den anderen wichtigen Sehenswürdigkeiten Weingartens: Der **Münsterplatz** wird vom ehemaligen Amtsgebäude der Landvogtei (1590, heute Amt für Kultur und Tourismus) und der frü-

Die Basilika von Weingarten ist die größte Barockkirche Deutschlands

heren Klosterschule (17. Jh.) eingerahmt. Etwas unterhalb, in der zum Rathaus und zum neugotischen städtischen Amtshaus führenden Kirchstraße, stellt der **Plätzler-Brunnen** die gleichnamige Fasnachtsfigur der Weingartener dar.

Die 1956 erfolgte Entdeckung des größten alemannischen Gräberfelds westlich der Stadt führte zur Gründung des **Alamannenmuseums** im historischen Kornhaus aus dem 17. Jh. mit angenehmem Museumscafé. Mit Funden aus 801 Gräbern präsentiert es Geschichte und Kultur der Alamannen vom 5. bis 8. Jh. (Karlstr. 28, D-88250 Weingarten, Tel. 07 51/4 93 43, Mi–So 14–17 Uhr, jeden 1. Freitag im Monat Eintritt frei). Im **Stadtmuseum im Schlössle**, einem repräsentativen Gebäude des 16. Jhs., wird die Stadt- und Klostergeschichte dargestellt, von den Welfen über den Bauernkrieg bis zur Industrialisierung (Scherzachstr. 1, Tel. 07 51/4 05-2 55, Mi–So

14–17 Uhr). Ruhige Momente fernab vom Trubel ermöglicht der **Stadtgarten** mit Gartencafé, Kanal und großer Liegewiese.

## Info

### Tourist-Information
• Münsterplatz 1 | D-88250 Weingarten
Tel. 07 51/4 05-2 32
www.weingarten-online.de

## Hotels/Restaurants

### Hotel Gasthof Bären €€
Regionale und internationale Küche mit Vollwertkost aus heimischen Zutaten. Funktional ausgestattete EZ, DZ sowie Apartments. Gasthof Mo geschl.
• Kirchstr. 3 | Tel. 07 51/5 61 20-0
www.baeren-weingarten.de

### Gasthof Rössle €
Moderne Gästezimmer im Traditionsgasthof mit eigener Metzgerei. Im Biergarten haben 400 Durstige Platz.
• Friedhofstr. 3–5 | Tel. 07 51/5 09 25-0
www.roessle-weingarten.de

# ÜBERLINGER SEE MIT MEERSBURG

**Kleine Inspiration**

- **Sich auf der Meersburg zurückversetzen** in die Zeit der Dichterin Annette von Droste-Hülshoff › S. 136
- **Mediterranes Flair erleben** an der Seepromenade von Überlingen › S. 141
- **Das satirische Relief »Ludwigs Erbe« bestaunen** von Peter Lenk in Ludwigshafen › S. 145

Der Überlinger See, geografisch eigentlich ein Teil des Obersees, wird gemeinhin als dritter eigenständiger Teil des Bodensees betrachtet. Die barocke Pracht von Meersburg ist selbst vom anderen Ufer aus zu sehen.

Die Barockstadt Meersburg ist einer der touristischen Höhepunkte der Region. Namengebend für diesen Teil des Sees ist die frühere Freie Reichsstadt Überlingen am Nordufer – historisch auch eines der Zentren des Linzgau, das sich zwischen Stockach und Ravensburg erstreckt. Weitläufige Täler, steile Berghänge und ausgedehnte Hochflächen geben diesem Gebiet seinen landschaftlichen Reiz. Hauptanziehungspunkte sind das durch sein Internat bekannte Klosterdorf Salem und der Luftkurort Heiligenberg. An der Westspitze des Überlinger Sees liegen die Dörfer Ludwigshafen und Bodman, die heute eine Doppelgemeinde bilden. Von der alten Siedlung Bodman hat der Bodensee übrigens seinen Namen. Auf dem Bodanrück wurde mit der Marienschlucht ein beliebtes Erholungsziel erschlossen.

# Touren in der Region

## Mit dem Rad um den Überlinger See

**Route: Meersburg › Uhldingen-Mühlhofen › Birnau › Überlingen › Ludwigshafen › Bodman › Marienschlucht › Mainau › Meersburg**

**Karte:** Seite 134
**Dauer:** 1 Tag, 65 km
**Praktische Hinweise:**

- Diese Runde um den Überlinger See ist für eine Tagestour mit dem Fahrrad wie geschaffen.
- Von der Insel Mainau zurück nach Meersburg wird mit dem Schiff übergesetzt (www.bsb.de).

### Tour-Start:

Die Tour startet im prächtigen **Meersburg 1** › S. 135 und führt gegen den Uhrzeigersinn am Überlinger See entlang. In **Uhldingen-Mühlhofen 2** › S. 137 kann das **Pfahlbau-Freilichtmuseum** besichtigt werden, bevor es weitergeht zur **Wallfahrtskirche Birnau 3** › S. 138, dem größten sakralen Barockjuwel am Bodensee. Von dort ist es nur noch ein Katzensprung bis nach **Überlingen 6** › S. 140, das »Nizza« des Bodensees, mit seiner fast schon mediterran anmutenden Strandpromenade, an der zahlreiche Restaurants zum Mittagessen einladen.

Blick vom Weinberg auf das Alte Schloss von Meersburg

Weiter führt die Route am dünn besiedelten Ufer ins einstige Fischerdorf **Ludwigshafen** 8 › S. 144 und um die Seespitze herum in die zweite Gemeindehälfte nach **Bodman** 9 › S. 145, dem Namensgeber des Bodensees und Beginn des Bodanrücks. Die enge **Marienschlucht** 10 › S. 146 ist mit dem Rad nicht zu erreichen, jedoch ist es von Langenrain aus nicht weit zu Fuß. Über Dettingen gelangt man schließlich zur Blumeninsel Mainau › S. 62. Die Rückkehr nach Meersburg erfolgt mit dem Ausflugsboot oder der Fähre ab Konstanz. Wer mehr Zeit hat, kann in Ludwigshafen oder Bodman übernachten.

# Wanderung auf dem Prälatenweg

**Route:** **Salem** › **Affenberg** › **Birnau** › **Uhldingen-Mühlhofen** › **Meersburg**

**Karte:** Seite 134
**Dauer:** 2 Tage, 15 km
**Praktische Hinweise:**
• Eine Übernachtung sollte in Uhldingen-Mühlhofen eingeplant werden. Alternativ kann die Tour auch innerhalb eines Tages mit dem Fahrrad unternommen werden.

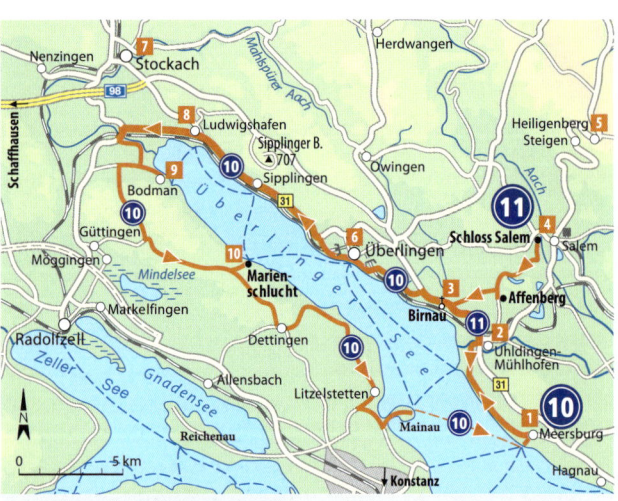

## Touren am Überlinger See

**Tour** 10    Mit dem Rad um den Überlinger See
Meersburg › Uhldingen-Mühlhofen › Birnau › Überlingen › Ludwigshafen › Bodman › Marienschlucht › Mainau › Meersburg

**Tour** 11    Wanderung auf dem Prälatenweg
Salem › Affenberg › Birnau › Uhldingen-Mühlhofen › Meersburg

## Tour-Start:

Die Wanderung auf den Spuren der Salemer Äbte beginnt am **Schloss Salem 4** › **S. 139** und führt den blau ausgeschilderten Prälatenweg entlang durch eine leicht hügelige Wiesenlandschaft und Waldgebiet. Einen Abstecher lohnt das Freigehege am Affenberg **S. 27**, bevor es auf den Spuren der Würdenträger weitergeht zur barocken **Wallfahrtskirche Birnau 3** › **S. 138**, ursprünglich die Sommerresidenz der Äbte von Salem. Die Wanderung verläuft nun am Uferweg bis **Uhldingen-Mühlhofen 2** › **S. 137**, wo übernachtet wird. So hat man am nächsten Morgen genug Zeit für einen Besuch des Pfahlbau-Freilichtmuseums. Danach folgt das kürzere Stück der Tour entlang dem Überlinger Seeufer bis nach **Meersburg 1** › **S. 135**.

# Unterwegs am Überlinger See

## Meersburg **1** ✪ [E3]

Meersburg (5700 Einw.) ist die auch aus der Entfernung auffallendste Barockstadt am Bodensee: Ihre fast 300 m lange Front barocker Bauten kann man sogar von den seenahen Ausflugsbergen der Schweiz erkennen. Diese Pracht verdankt die Stadt den Konstanzer Bischöfen, die nach der Reformation das Exil in dem ruhigen Fischerort vorzogen. Auch das romantische Ensemble von Altem Schloss und der von Fachwerkhäusern gesäumten Steigstraße ist sehenswert. An der Hafenmole steht die **Magische Säule** des Bildhauers Peter Lenk › **S. 42**.

## Neues Schloss ★

Die ehemalige bischöfliche Residenz besteht aus einem Komplex von hoch über dem Ufer liegenden lang gestreckten Barockbauten: von links das eigentliche Neue Schloss (rosa), dann das Domänengebäude mit dem Staatsweingut (ockerfarben; früher bischöflicher Stall- und Reithof) und das ehemalige Priesterseminar (rot; heute ein Aufbaugymnasium).

Nachdem die Konstanzer Bischöfe über 200 Jahre lang in der Alten Burg gewohnt hatten, ließen sie im 18. Jh. östlich davon das Neue Schloss erbauen. Dieses wurde dabei im Gegensatz zu den anderen Bauten frontal auf das Konstanzer Münster ausgerichtet, um den Machtanspruch darauf auszudrücken. Die eindrucksvollsten Teile des Schlosses sind das Treppenhaus mit einem Deckenfresko zur Verherrlichung des Fürstbischofs, die Schlosskapelle im Ostflügel und die Festsäle, von denen man einen herrlichen Panoramablick über den See hat. Die städtische Bildergalerie im Neuen Schloss zeigt wechselnde Kunstausstellungen (Schlossplatz 12, D-88709 Meersburg, Tel. 0 75 32/ 80 79 41-0, April–Okt. tgl. 9.30–18, Nov.–März Sa/So 12–17 Uhr, www. neues-schloss-meersburg.de).

Der Übergang zwischen Burg Meersburg
(links) und Neuem Schloss

## Burg Meersburg

Die älteste bewohnte Burg Deutschlands wird auch als Altes Schloss bezeichnet. Die heute sichtbaren Gebäude stammen aber größtenteils aus dem 16. Jh. und zeigen, zusammen mit ihrer aus derselben Zeit stammenden Einrichtung, ein relativ realistisches Bild des Lebens auf der Burg. Über 30 Räume mit originalen Möbeln sowie das Arbeits- und Sterbezimmer der Dichterin Annette von Droste-Hülshoff, die hier 1841–1848 gelebt hat, können besichtigt werden. Im ebenfalls zugänglichen ! Dagobertsturm mit herrlichem Blick über Stadt und See befinden sich Gefängnisstube und Schatzkammer sowie (unten) eine Folterkammer (Schlossplatz 10, Tel. 0 75 32/80 00-0, März–Okt. 9 bis

18.30, Nov.–Febr. 10–18 Uhr, www. burg-meersburg.de).

## Kirchen

Neben den beiden Schlössern gibt es auch zwei sehr unterschiedliche Kirchen: Die spätgotische **Unterstadtkapelle** mit einem schönen, um 1490 geschaffenen Schnitzaltar (nur bei Führungen zu besichtigen) und die **Stadtkirche** in der Oberstadt mit einem Deckengemälde im Stil der offiziellen deutschen Malerei des Dritten Reichs (1933–1945) mit »arischen« blonden Frauen und starken Männern.

## Museen

Für seine geringe Größe besitzt Meersburg eine beachtliche Zahl an interessanten Museen.

Im ehemaligen Kloster der Dominikanerinnen in der Kirchstraße 4 residiert die als Erlebnismuseum gestaltete **Bibelgalerie** (Tel. 0 75 32/53 00, Ende März–Anfang Nov. Di-Sa 11–13, 14–17, So 14 bis 17 Uhr, www.bibelgalerie.de). Hier werden die Geschichten rund um die Welt der Bibel lebendig für die ganze Familie erzählt.

Das oberhalb der Stadt in den Rebhängen gelegene **Droste-Museum** im Fürstenhäusle war das Wochenendhaus der Dichterin und dokumentiert ihr Leben anhand persönlicher Erinnerungsstücke, Handschriften und Biedermeiermöbel (Stettener Str. 11, Tel. 0 75 32/ 60 88, tgl. 11–17 Uhr, www.fuers tenhaeusle.de).

Das neue **Vineum Bodensee** vereint Wein, Kultur und Geschichte

(Vorburggasse 11, Tel. 0 75 32/ 4 40-
2 60, April–Okt. tgl. außer Mo 11
bis 18, Nov.–März Sa/So 11–18,
www.vineum-bodensee.de).

## Info
**Meersburg Tourismus**
• Kirchstr. 4 | D-88709 Meersburg
Tel. 0 75 32/4 40-4 00
www.meersburg.de

## Hotels
**Löwen €€–€€€**
Modern gestaltete Zimmer in einem
500 Jahre alten Haus. Die historische
Weinstube serviert u. a. feine Spargel-
und Fischgerichte.
• Marktplatz 2 | Tel. 0 75 32/43 04-0
www.hotel-loewen-meersburg.de

**Wilder Mann €€–€€€**
Das Hotel aus dem 17. Jh. liegt direkt
am Tor zur Altstadt. Der Rosengarten
gilt als der schönste am See; im Frühjahr
erblühen 10 000 Tulpen.
• Bismarckplatz 2 | Tel. 0 75 32/90 11
www.wilder-mann-meersburg.de

## Restaurants
**Residenz am See – Casala €€€**
Kreative Bodensee-Küche für Gourmets
im gleichnamigen Romantikhotel mit
Seeblick. Mo/Di geschl.
• Uferpromenade 11
Tel. 0 75 32/80 04-0
www.hotel-residenz-meersburg.com

**Winzerstube zum Becher €€**
Zwischen Rathaus und Alter Burg gelegen, bietet die Winzerstube v. a. Fischgerichte und hauseigene Weine. Mo geschl.
• Höllgasse 4 | Tel. 0 75 32/90 09
www.zumbecher.de

**Im Truben €**
Der Weinkeller schenkt seit 1499 regionale Weine aus; leckerer Flammkuchen.
• Steigstr. 6 | Tel. 0 75 32/54 11
www.im-truben.de

## Shopping
**Staatsweingut Meersburg**
Das oberhalb von Weinbergen und Alt-
stadt thronende Weingut mit schöner
Aussicht geht auf die Fürstbischöfe von
Konstanz zurück. Mo–Fr 9–18 Uhr, Sa 9
bis 16 Uhr. **50 Dinge** ㉞ › S. 16.
• Seminarstr. 6 | Tel. 0 75 32/44 67 44
www.staatsweingut-meersburg.de

# Uhldingen-Mühlhofen ❷ [E3]

Der Bodensee-Ferienort (8000
Einw.) besteht aus den etwas von-
einander getrennten Ortsteilen Unteruhldingen und Mühlhofen, wobei hauptsächlich die Pfahlbauten
von Unteruhldingen bekannt sind.
Aus dem Barock stammen die Gasthäuser Seehof und Sternen, während die Gotik mit der Pfarrkirche
Seefelden (mit älterem romani-
schem Turm) und der Ortskapelle
Unteruhldingen vertreten ist.

Die in den 1920er-Jahren nach
Funden in den Flachwasserzonen
als **Pfahlbau-Freilichtmuseum** ⭐
nachgebauten Pfahlbaudörfer ver-
anschaulichen den Alltag der Fischer und Jäger in der Jungstein-
und Bronzezeit. Im Museumsneubau
gibt es Ausstellungen zur Geschichte der Pfahlbau-Archäologie, eine
Bibliothek und den Museumsshop.
**50 Dinge** ㉟ › S. 16 (Strandpromena-

de 6, Tel. 0 75 56/9 28 90-0, April bis Sept. tgl. 9–18.30, Okt. bis 17, Nov. nur Sa/So, 9–17 Uhr, www.pfahlbauten.de).

## Info

**Tourist-Information**

- Ehbachstr. 1
  D-88690 Uhldingen-Mühlhofen
  Tel. 0 75 56/92 16-0
  www.seeferien.com

## Hotels

**Landhotel Fischerhaus** €€€

Der in Seefelden direkt am See gelegene Fachwerkbau des 300 Jahre alten Fischerhauses ist Herz der ▌ Hotelanlage in einem 15 000 m² großen Park mit Wellnessoase. Nov.–März geschl.

- Seefelden 3 | Tel. 0 75 56/85 63
  www.fischerhaus-seefelden.de

**Seehof** €€

Das direkt am Jachthafen in Unteruhldingen vor den Pfahlbauten gelegene Hotel wurde bereits 1733 erbaut.

- Seefelder Str. 8 | Tel. 0 75 56/92 93-0
  www.hotel-seehof.com

## Restaurants

**Knaus** €€

Leckere Gerichte in klassischer Zubereitung serviert das Restaurant-Café im Hotel Knaus in Unteruhldingen. Beliebt sind die Bodensee-Felchen, gefragt die hauseigene Konditorei.

- Seestr. 1 | Tel. 0 75 56/80 08
  www.hotelknaus.de

**Sternen** €

Der Landgasthof aus dem späten 18. Jh. im Ortsteil Mühlhofen war einst das Gutshaus des Klosters Salem.

- Daisendorfer Str. 8
  Tel. 0 75 56/9 30 20
  www.sternen-muehlhofen.de

## Shopping

**Häfeli**

Über die Theke in der roten Holzhütte gehen verschieden belegte Dinnele **50 Dinge** ⑬ › **S. 13**, aber auch Marmeladen und Brot aus eigener Produktion. Tgl. außer Mi ab 11.30 Uhr.

- Seestr. 10 c | Tel. 01 60 94 58 99 41
  www.haefeli-bodensee.de

# Wallfahrtskirche Birnau ③ ★ [D/E3]

Die der hl. Maria gewidmete Kirche ist unbestreitbar das Barockjuwel am Bodensee. Die Pracht des Gesamtkunstwerks ist weniger der Ausdruck religiöser Gefühle als vielmehr des Reichtums der Reichsäbte von Salem. Mit dem an die Kirche angebauten Propsteigebäude leisteten sich die Reichsäbte hier eine Sommerresidenz an einem der schönsten Plätze am See. Die Kirche wurde 1747–1750 unter der Leitung des Rokoko-Baumeisters Peter Thumb errichtet und von Joseph Anton Feuchtmayer mit Stukkaturen, Engeln und Heiligen ausgestattet. Das große Deckenbild von Gottfried Bernhard Goetz hat als Thema die »Verherrlichung der Lieblichen Mutter«. Als Kirche und Propsteigebäude nach der Säkularisation aufgegeben wurden, verfielen sie – bis 1919 die Zisterzienser des Klosters Mehrerau bei Bregenz › **S. 104** hier wieder ein Priorat einrichteten.

Pracht des Barock: die Wallfahrtskirche Birnau

## Hotel

**Pilgerhof** €€

Familienfreundliches Viersternehotel
unterhalb der Wallfahrtskirche inmitten
von Weinbergen.

• Maurach 2
  D-88690 Uhldingen-Mühlhofen
  Tel. 0 75 56/9 39-0
  www.hotel-pilgerhof.de

# Salem 4 [E2]

Die aus mehreren Dörfern zusam-
mengeschlossene Gemeinde (11 100
Einw.) ist nach ihrem kleinsten,
aber bekanntesten Ortsteil benannt.
Das ehemalige Zisterzienserkloster
und heutige **Schloss Salem** ★ wurde 1137 gegründet und entwickelte
sich bald zum reichsten Kloster des
Ordens im ganzen süddeutschen
Raum. Ab 1487 war es eine Freie
Reichsabtei, die auch einen entsprechenden politischen Einfluss hatte.
Bei der Säkularisation fiel sie 1802
an das markgräfliche Haus Baden.
Aus der mittelalterlichen Blütezeit

des Klosters stammt das **Münster**
(14./Anf. 15. Jh.), das mit der stren-
gen Architektur noch die ursprüng-
liche Bescheidenheit des Ordens
spiegelt, während die 27 frühklassi-
zistischen Altäre und die lebensgroßen Alabasterfiguren in der Spätzeit
der Abtei entstanden. Die übrigen
Klostergebäude wurden fast alle erst
nach dem großen Brand (1697) erbaut und ähneln einem Schloss. Zu
**Kloster und Schloss Salem** gehören
neben Teilen der Schlossanlage u. a.
auch ein Weinbau- und Feuerwehr-
museum (Tel. 0 75 53/9 16 53-36,
April–Okt. Mo–Sa 9.30–18, So 10.30
bis 18 Uhr, Nov.–März So Führung
nur um 15 Uhr, www.salem.de).
Von der berühmten **Internatsschule
Schloss Salem** ist nur die Mittelstufe
in Salem untergebracht, die Unter-
und Oberstufe in Hohenfels-
Stockach bzw. Überlingen-Spetz-
gart und im neuen Salem College.

Etwa 5 km außerhalb von Salem
ist der **Affenberg,** das größte Affen-
Freigehege Deutschlands, ein be-

liebter Anziehungspunkt für Kinder und Naturliebhaber aller Art › **S. 27.**

## Info
**Bodensee-Linzgau Tourismus**
• Schloss Salem | D-88682 Salem
Tel. 0 75 53/91 77 15
www.bodensee-linzgau.de

## Hotel/Restaurant
**Markgräflich Badischer Gasthof Schwanen** €€
16 Zimmer mit schönem Blick auf die Schlossfassade. Das Restaurant (€€) in der einstigen Reichsposthalterei (1788) serviert regionale Spezialitäten.
• Im Schlossbezirk 1 | Tel. 0 75 53/2 83
www.schlosshotel-schwanen.de

# Heiligenberg 5 [E2]

Der Luftkurort Heiligenberg (3000 Einw.) liegt am Rand der Hochfläche, die den nordöstlichen Teil des Linzgaus bildet, und bietet einen umfassenden Blick über den tiefer gelegenen Teil dieser Landschaft. Wohl auch deshalb haben sich die Fürsten von Fürstenberg im 16. Jh. an der Stelle einer Burg ihr **Schloss** erbauen lassen, und noch heute wird es von der Familie teilweise bewohnt. Ihr Domizil gilt als eines der besterhaltenen Renaissanceschlösser Deutschlands, sehenswert ist vor allem der Rittersaal mit prächtiger Kassettendecke (Schlossführungen Ostern–Okt. tgl. außer Mo 11, 14 und 15.30 Uhr).

## Info
**Tourist Information**
• Schulstr. 5 | D-88633 Heiligenberg

Tel. 0 75 54/99 83 12
www.heiligenberg.de

## Hotel
**Hotel Heiligenberg** €€–€€€
Geräumige, geschmackvoll eingerichtete Zimmer in einem historischen Gebäude im Dorfzentrum; genussvolle badische Küche.
• Salemer Str. 5
Tel. 0 75 54/98 95 60-0
www.hotel-heiligenberg.de

## Restaurant
**Bayerischer Hof** €€
Das Hotelrestaurant verwendet bevorzugt regionale Produkte und ist für seine Wildgerichte bekannt. Di geschl.
• Röhrenbacher Str. 1 | Tel. 0 75 54/2 17
www.bayerischerhof-heiligenberg.de

# Überlingen 6 ⭐ [D2]

Mit seiner klimatisch begünstigten Lage zog Überlingen (22 200 Einw.) schon im 19. Jh. Kur- und Feriengäste an und kam in den Ruf, das »Nizza« des Bodensees zu sein. Im 7. Jh. gegründet, wurde es im 13. Jh. Freie Reichsstadt und erlangte durch den Handel mit den Gütern des Hinterlandes ansehnlichen Reichtum. Überlingen hat sich auch als Kurort einen Namen gemacht. Beliebt ist vor allem die **Bodensee-Therme** als Kombination von Erholung und Spaß › **S. 99.** Außerdem erhielt die Stadt das Prädikat eines Premium-**Kneippheilbads,** denn die Gesundheitsangebote der einzelnen Kurhäuser auf Basis von Kneipp-Therapie und Heilfasten gehören zu den besten in Deutschland.

Das Greth-Gebäude in Überlingen

### Greth-Gebäude

Den schönsten Eindruck von der Stadt hat, wer mit dem Schiff anreist: Inmitten einer kilometerlangen, mediterran anmutenden **Uferpromenade** steigt hinter dem Landungsplatz mit dem Greth-Gebäude die mittelalterliche Stadt empor. In diesem spätbarocken Handels- und Kornhaus (Franz Anton Bagnato, 1788) sind heute eine Markthalle, ein Café, zwei Restaurants und ein Kino untergebracht. Die städtische **Galerie Fauler Pelz** ein paar Meter weiter an der Seepromenade präsentiert Wechselausstellungen unterschiedlicher Kunstrichtungen (Seepromenade 2, D-88662 Überlingen,  Tel. 0 75 51/99 10 74, Di–Fr 14–17, Sa/So 11–17 Uhr, www.staedtischegalerie.de).

### Münster St. Nikolaus

Das gotische Münster (14.–16. Jh.) ist der bedeutendste Kirchenbau

dieser Epoche am Bodensee. Vom See aus fällt kaum auf, dass es vor dem 78 m hohen Turm (schöne Sicht von der oberen Plattform) noch einen zweiten besitzt, der aus der Mitte des 15. Jhs. original erhalten ist. Die Innenausstattung der fünfschiffigen Basilika stammt zum größten Teil aus der Renaissance und dem Barock. An dem viergeschossigen und holzgeschnitzten **Hochaltar** hat Jörg Zürn mit seinen Brüdern 1613–1616 gearbeitet. Sehenswert ist auch das nördlich der Kirche befindliche Rathaus aus der Renaissance.

### Sakralbauten, Stadtmuseum und Stadtgarten

Die beiden anderen bedeutenden Sakralbauten der Stadt sind die **Franziskanerkirche** (spätgotisch mit barocker Ausstattung) und die hinter dem Franziskanertor gelegene

Jodokkapelle (ebenfalls spätgotisch mit Wandmalereien aus dem 15. Jh.).

In der nordöstlichen Altstadt Überlingens steht der Patrizierhof der Reichlin von Meldegg (15. Jh.), der allein schon wegen der ersten Rustikafassade nördlich der Alpen sehenswert ist. Das dort untergebrachte **Stadtmuseum** zeigt namhafte kunst- und stadtgeschichtliche Sammlungen sowie etwa 50 Puppenstuben von der Renaissance bis zum Jugendstil (Krummebergstr. 30, Tel. 0 75 51/99 10 79, Di–Sa 9–12.30, 14–17, April–Okt. auch So 10–15 Uhr, www.museum-ueberlingen.de).

Der **Stadtgarten** außerhalb der früheren Stadtbefestigung wurde bereits 1875 angelegt und ist durch einen »Gartenkulturpfad« mit anderen städtischen Grünanlagen verbunden. Dank des milden Klimas

In der Sylvesterkapelle Goldbach

konnte hier die größte Kakteenfreianlage Deutschlands entstehen.

Beim Bahnübergang westlich des Bahnhofs Überlingen-Therme erinnert eine große Gedenktafel an das KZ-Außenlager Überlingen (1944/1945).

## Goldbach und Aufkirch

Etwas weiter außerhalb des Zentrums steht am Ufer die frühromanische **Sylvesterkapelle Goldbach,** deren Fresken der Reichenauer Malerschule wohl ebenso bedeutend sind wie die Barockengel der Wallfahrtskirche Birnau (Besichtigung im Rahmen von Führungen).

Von den Goldbacher Gletschermühlen (eiszeitliche Strudellöcher) führt eine geologische Wanderung an den sogenannten Heidenhöhlen vorbei zu dem wildromantischen **Hödinger Tobel**, durch den man vom ehemaligen Bahnhof Süßenmühle aus nach Hödingen hinaufsteigen kann. Auf dem Rückweg über **Aufkirch** (schöne Aussicht) lohnt sich noch ein Blick in die romanische St.-Michael-Kirche, bevor die Aufkircher Straße schließlich in die Stadt zurückführt.

### Info
**Kur und Touristik GmbH**
• Landungsplatz 5 | D-88662 Überlingen
  Tel. 0 75 51/9 47 15-22
  www.ueberlingen-bodensee.de

### Hotels
**Parkhotel St. Leonhard** €€€
Großes Hotel mit 70 ha großem Park, Panoramaterrasse, Ayurveda und Wellnessangeboten.

• Obere St. Leonhardstr. 71
Tel. 0 75 51/80 81 00
www.parkhotel-st-leonhard.de

**Ochsen** €€
Das Hotel in einem alten Patrizierhaus
aus dem 17. Jh. mit holzgetäfeltem Restaurant und rustikalem Braustüble ist
seit über 100 Jahren in Familienbesitz.
• Münsterstr. 48 | Tel. 0 75 51/91 99 60
www.hotel-ochsen-ueberlingen.de

### Restaurants
**Bürgerbräu** €€–€€€
Der Fachwerkbau mit reicher Fresken-
malerei gilt dank der eigenwillig kom-
ponierten Gerichte von Simon Metzler
als **!** eines der besten Restaurants der
Stadt. Mo/Di geschl.
• Aufkircher Str. 20
Tel. 0 75 51/9 27 40
www.buergerbraeu-ueberlingen.com

**Naturata** €€
Etwas außerhalb gelegenes Restaurant-
Café mit Naturkostladen, jedoch nicht
nur vegetarisch. So geschl.
• Rengoldshauser Str. 21
Tel. 0 75 51/95 16 13
www.naturata-gmbh.de

**Schäpfle** €€
Hotelrestaurant mit romantischer Efeu-
fassade; badische Küche mit Spätzle und
Wild. **50 Dinge** ⑫ › **S. 13**. Mi geschl.
• Jakob-Kessenring-Str. 12+14
Tel. 0 75 51/8 30 70
www.schaepfle.de

**Spitalkeller im Steinhaus** €€
Historische Weinstube in zünftigem Ge-
wölbekeller mit badisch-alemannischen
Spezialitäten. Mo geschl.

• Steinhausgasse 1
Tel. 0 75 51/6 60 20
www.spitalkeller.de

**Wirtshaus zum Gundele** €–€€
Gemütliches kleines Restaurant mit
hoher Holzvertäfelung. Spezialität sind
Rösti-Gerichte mit Fisch, Fleisch und anderen Varianten. Di geschl.
• Hafenstr. 15 | Tel. 0 75 51/30 89 68
www.gundele.de

### Shopping
**Brennerei im Dorf**
Edelbrände und Liköre aus Streu- und
Wildobst. **50 Dinge** ㊲ › **S. 16**.
• Aufkircher Str. 29 | Tel. 0 75 51/6 17 55
www.brennerei-im-dorf.de

### Nightlife
**Galgenhölzle**
Die Erlebniskneipe im rechten Flügel
vom Gasthaus zur Krone ist Herz des
Überlinger Nachtlebens mit regelmäßigen Livekonzerten.
• Münsterstr. 10 | Tel. 0 75 51/91 99 35
www.galgen-ueberlingen.de

# Stockach ❼ [C2]

Die ehemalige Kreisstadt (16 400
Einw.) sieht sich als »Tor zum Bodensee«, was zumindest für diejeni-
gen Besucher zutrifft, die durch das
Donautal (Ulm, Sigmaringen) an-
reisen. Stockach liegt am Kreu-
zungspunkt einst großer Handels-
und Postrouten (Wien–Paris,
Stuttgart–Zürich, Ulm–Basel). Die
Verkehrsgeschichte und andere
Themen werden im modern gestalteten **Stadtmuseum** im Alten Forst-
amt gezeigt (Salmannsweilerstr. 1,

D-78333 Stockach, Tel. 0 77 71/ 8 02-3 03, Mo 9–12, Di–Fr 9–12, 14–18, Sa 10–13 Uhr).

Durch ihre verkehrsgünstige Lage wurde die Stadt allerdings auch bei jeder Gelegenheit von durchziehenden Armeen geplündert und hat deshalb keine mittelalterlichen Gebäude. Dennoch lohnt sich ein Bummel durch die atmosphärisch schöne Altstadt.

An den Hofnarr Hans Kuony von Stocken aus dem 14. Jh. erinnert der 1973 errichtete **Hans-Kuony-Brunnen,** und Freunde des Bildhauers Peter Lenk › S. 42 werden sich an den Figuren **»Ehrenwortbube«** (Untere Apotheke) und **»U-Boot U 20«** (Sparkassengelände) erfreuen.

Durch die idyllische Umgebung führen neu angelegte Themenwege, etwa der »Quellerlebnisweg« und die »Alten Postwege«.

**SEITENBLICK**

**Die Aussicht vom Haldenhof**

Ein beliebter Wanderweg führt von Sipplingen [D2] (zwischen Ludwigshafen und Überlingen gelegen) zum Gasthaus Haldenhof auf eine Höhe von 670 m. Mit seinem Alpenpanorama und der gutbürgerlichen Küche gilt das gut 570 Jahre alte Anwesen als einer der ❗ besten gastronomischen Aussichtspunkte am Bodensee (Tel. 0 77 73/ 56 13, März–Okt., Mo geschl., www.gasthaushaldenhof.de).

Beim Haldenhof erinnert die sogenannte Burkart-Linde an den Minnesänger Burkhart von Hohenfels, ein Zeitgenosse von Walter von der Vogelweide.

## Info

**Tourist-Info**
• Saalmannsweilerstr. 1
 D-78333 Stockach
 Tel. 0 77 71/8 02-3 00
 www.stockach.de

## Hotel

**Zum Goldenen Ochsen** €€

Der Ochse bietet behagliche Zimmer in zwei Kategorien. Das Hotelrestaurant hat sich neben regionalen und schweizerischen Gerichten auf Slow Food und Diätangebote nach der Montignac-Methode spezialisiert.
• Zoznegger Str. 2 | Tel. 0 77 71/91 84-0
 www.ochsen.de

## Restaurant

**Seilerhaus Café & Bistro** €

Das geschmackvolle Interieur erinnert an die Seilertradition des Hauses. Günstige Gerichte; beliebt auch zum Afterwork. Mo geschl.
• Kirchhalde 1 | Tel. 0 77 71/9 18 51 93
 www.seilerhaus-cafe.de

# Ludwigshafen ⑧ [D2]

Die Doppelgemeinde Bodman-Ludwigshafen (4600 Einw.) am westlichen Ende des Überlinger Sees besteht aus zwei historisch unterschiedlichen Ortschaften.

Ludwigshafen ist das frühere Winzer- und Fischerdorf Sernatingen, das 1826 nach dem badischen Großherzog umbenannt wurde und im späten 19. Jh. durch den Anschluss an das Eisenbahnnetz einigen Aufschwung erfuhr. Davon zeugt das **Alte Zollhaus,** einst »Großherzoglich Badisches Hauptzollamt«, das sich heute als Kulturhaus präsentiert und auch das Rathaus enthält. An einer Außenwand ist das großflächige Relief-Triptychon **»Ludwigs Erbe«** des Bildhauers Peter Lenk angebracht › **S. 42**.

## Info
**Tourist-Information**
• Hafenstr. 5 | D-78351 Ludwigshafen
  Tel. 0 77 73/93 00 40
  www.bodenseepur.de

## Hotel
**Krone** €€
Hotel im freundlichen Landhausstil, in fünfter Generation in Familienbesitz. Im Restaurant werden badische Spezialitäten und frischer Fisch serviert.
• Hauptstr. 25 | Tel. 0 77 73/93 13-0
  www.bodenseehotelkrone.de

## Restaurant
**Blauer Affe** €€
Im hellblauen Haus zelebriert Michael Noll eine ambitionierte und regionalbewusste Küche. Di geschl.
• Sernatingerstr. 16
  Tel. 0 77 73/93 83 73
  www.blauer-affe-ludwigshafen.de

# Bodman **9** [D2]

Der Name der gegenüber von Ludwigshafen gelegenen Ortschaft Bodman stammt aus dem 8. Jh. und wurde später auf den ganzen See übertragen. Nach vorgeschichtlicher und römischer Besiedlung entstand hier eine fränkische Königspfalz. Der Reiz des Ortes liegt in der Kombination von Geschichte, der relativ unberührten Natur des

Blick vom Wasser auf Bodman

Bodanrücks und dem Gefühl der Abgeschiedenheit über dem See mangels Durchgangsverkehr.

Abgesehen von der **Burgruine Alt-Bodman** hoch über dem Ort stammen fast alle sehenswerten Gebäude wie **Torkelgebäude, Gredhaus** und die **Kirche** aus dem 18. Jh. Das Schloss bewohnt der Graf von und zu Bodman, daher ist nur der **Schlosspark** öffentlich zugänglich.

Am Hang der Kaiserpfalzstraße in Richtung Ludwigshafen sind im **Bildhauergarten** Skulpturen des Künstlers Peter Lenk › **S. 42** zu sehen, der in Bodman auch sein Atelier hat.

## Info
**Tourist-Information**
• Seestr. 5 | D-78351 Bodman
  Tel. 0 77 73/93 00 48
  www.bodenseepur.de

## Hotel
**Seehaus** €€
Das Mittelklassehotel mit Terrasse und Fahrradverleih liegt abgeschirmt direkt

am See. Das Restaurant serviert regionale und saisonale Fisch-, Fleisch- und Pasta-Spezialitäten.

• Kaiserpfalzstr. 21
Tel. 0 77 73/56 62
www.seehaus-bodman.de

### Restaurant

**Pferdehof** €€€

Etwas oberhalb des Untersees gelegener Bauernhof mit altem Fachwerkhaus und hübschem Innenhof. Durch das Restaurant weht ein Hauch Provence, nicht nur auf der Speisekarte. Mo geschl.

• Untere Kapellenäcker 6
Tel. 0 77 73/54 10
www.restaurant-pferdehof.de

## Marienschlucht 10 [D2]

Der Name des auch Mariaschlucht genannten Erholungsziels geht auf Maria Gräfin von Walderdorff zurück, der Stieftochter von Johann Franz Freiherr von Bodman. Zu ihrer Verlobung im Jahre 1897 wurde die Schlucht erschlossen und gehört noch heute den Grafen von und zu Bodman. Bereits zur Eröffnung galt die Marienschlucht als beliebtes Ausflugsziel des aufkommenden Fremdenverkehrs. Auch für Kinder und ältere Menschen zugänglich, ist die Schlucht derzeit aber nach dem Erdrutsch von 2015 noch bis mindestens 2017 gesperrt (www.marien schlucht.de). Der Weg durch die 100 m in Molassegestein eingeschnittene Schlucht führt entlang enger Treppenstufen und Stege zwischen 30 m hohen Felswänden; teilweise wurden die Stufen direkt über dem Bach platziert. Die Marienschlucht kann von Wallhausen oder Langenrain aus erreicht werden, schöner ist jedoch der etwa 6 km lange Wanderweg von Bodman zur Schlucht. Fahrräder sind dort allerdings nicht erlaubt.

Einen schönen Blick auf die hier steil aufragende Halbinsel **Bodanrück** ermöglicht die Anreise mit dem Schiff, z. B. von Überlingen aus.

---

**! Erst-
: klassig**

### Gratis entdecken

• Etliche **Strandbäder** am Bodensee können gratis besucht werden, darunter beim Naturfreundehaus in Radolfzell › **S. 67**, in Konstanz › **S. 54** das »Hörnle« (Eichhornstr. 100, D-78464 Konstanz, Tel. 0 75 31/6 35 50) und in Hagnau › **S. 125** das Naturstrandbad (Strandbadstr., D-88709 Hagnau).

• Kostenlose **Veranstaltungen und Konzerte** gibt es bei der Internationalen Bodenseewoche in Konstanz. › **S. 43**

• Gratiseintritte bietet Tettnang im historischen **Montfort-Museum** und im spannenden **Elektronikmuseum.** › **S. 126**

• In Immenstaad lockt die frei zugängliche **Galerie Seebär** vor allem Liebhaber von Stofftieren und Barbiepuppen an. › **S. 124**

• Philatelie-Freunde zieht es ins **Postmuseum** des Fürstentums Liechtenstein in Vaduz. › **S. 108**

Die Hafeneinfahrt von Lindau

# EXTRA-
TOUREN

# Tour 12 Eine Woche Bodensee mit dem Schiff

**Route: Konstanz** › **Meersburg** › **Mainau** › **Reichenau** › **Friedrichshafen** ›
**Lindau** › **Bregenz** › **Pfänder** › **Rorschach** › **Lindau**

**Karte:** Klappe hinten

**Distanzen: Konstanz** › **Meersburg** 30 Min.; **Meersburg** › **Mainau** 20 Min.;
**Mainau** › **Konstanz** 20 Min. mit dem Bus; **Konstanz** › **Reichenau** 60 Min.; **Konstanz** › **Friedrichshafen** 1 Std. 40 Min.; **Friedrichshafen** › **Lindau** 1 Std. 30 Min.;
**Lindau** › **Bregenz** 30 Min.; **Bregenz** › **Pfänder** › 6 Min. mit der Pfänderbahn;
**Lindau** › **Rorschach** 1 Std. 10 Min.

**Verkehrsmittel:**

Diese Tour wird fast ausschließlich mit den Linienschiffen des Bodensees › S. 25
durchgeführt und ist entsprechend auf deren Fahrplan abgestimmt, kann jedoch
nur in der Saison von April bis Oktober unternommen werden.

Ausgangspunkt dieser Wochentour auf dem See ist **Konstanz** › S. 54. Dort
werden vier Nächte als Quartier für die nächsten Tage eingeplant. Nach einer
ausführlichen Besichtigung der heimlichen Hauptstadt des Bodensees
geht es am zweiten Morgen per Schiff zunächst in die Barockstadt **Meersburg** › S. 135 mit ihrem Alten und Neuen Schloss. Am Nachmittag setzt man
auf die Blumeninsel **Mainau** › S. 62 über, verbringt dort den Rest des Tages
und fährt abends mit dem Bus der Linie 4 zurück nach **Konstanz**. Die unter
UNESCO-Schutz stehende **Insel Reichenau** › S. 63 ist Ziel des Ausflugs am
dritten Tag. Einen Standortwechsel bringt der vierte Tag mit einer längeren
Schiffsreise von Konstanz zunächst nach **Friedrichshafen** › **S. 121**. Hier bleibt

Wegen ihrer Wandmalereien bedeutend: die Kirche St. Georg auf der Insel Reichenau

Zeit für eine Besichtigung, bis es am späten Nachmittag weitergeht bis **Lindau** › S. 112. Die Inselstadt wird für drei Nächte zur Basis mehrerer Tagesausflüge. Einen ganzen Tag aber sollte man sich zum Erkunden der Lindauer Altstadt auf der Insel freihalten. Nicht weit entfernt liegt **Bregenz** › S. 102 als Ausflugsziel für den sechsten Tag. Hier laden nicht nur Seepromenade und Oberstadt zu einem Rundgang ein, bei gutem Wetter lohnt sich auch eine Fahrt mit der Seilbahn auf den **Pfänder** › S. 106 – die Aussicht ist großartig. Sportliche können ihn in gut zwei Stunden auch zu Fuß erklimmen. Am letzten Tag ermöglicht ein Ausflug mit dem Schiff nach **Rorschach** › S. 86 einen Blick auf die Schweizer Orte am Bodensee, bevor tags darauf ab Lindau die Heimreise angetreten wird.

# Die Bodenseeregion in zehn Tagen mit dem Auto erkunden

**Route: Lindau › Bregenz › Friedrichshafen › Meersburg › Mainau › Salem › Überlingen › Bodman › Radolfzell › Konstanz › Kreuzlingen › Reichenau › Stein am Rhein › Schaffhausen › Rheinfall › Konstanz › Romanshorn › Arbon › Rorschach › Säntis › Appenzell › Käserei Stein › Rorschach › Lindau**

**Karte:** Klappe hinten
**Distanzen: Lindau › Bregenz** 10 km; **Lindau › Friedrichshafen** 26 km; **Friedrichshafen › Meersburg** 20 km; **Meersburg › Mainau** 20–30 Min. mit dem Schiff; **Meersburg › Salem** 12 km; **Salem › Überlingen** 13 km; **Überlingen › Bodman** 15 km; **Bodman › Radolfzell** 12 km; **Radolfzell › Konstanz** 22 km; **Konstanz › Kreuzlingen** 2 km; **Konstanz › Stein am Rhein** 28 km; **Stein am Rhein › Schaffhausen** 20 km; **Schaffhausen › Rheinfall** 4 km; **Rheinfall › Konstanz** 48 km; **Konstanz › Romanshorn** 22 km; **Romanshorn › Arbon** 10 km; **Arbon › Rorschach** 8 km; **Rorschach › Säntis** 45 km; **Säntis › Appenzell** 24 km; **Appenzell › Käserei Stein** 9 km; **Käserei Stein › Rorschach** 22 km; **Rorschach › Lindau** 36 km
**Verkehrsmittel:**
Die zehntägige Tour unternimmt man am besten mit dem Auto, da einige Ausflüge und Abstecher eingeplant sind, die mit öffentlichen Verkehrsmitteln nur umständlich zu realisieren sind.

Die Tour beginnt in **Lindau** › S. 112. Nach einem Spaziergang durch die Altstadt auf der Insel steht noch ein Ausflug in die Festspielstadt **Bregenz** › S. 102 auf dem Programm. Am zweiten Tag brechen Sie von Lindau entlang der Uferstraße auf über **Langenargen** › S. 120 mit seinem Schloss Montfort nach **Friedrichshafen** › S. 121. Hier lohnt ein Besuch des Zeppelin-Museums.

Abends fahren Sie weiter bis **Meersburg** › S. 135, wo Sie Quartier beziehen. Der dritte Tag ist der Besichtigung des Barockstädtchens und einem Ausflug mit dem Schiff zur Blumeninsel **Mainau** › S. 62 gewidmet. Am nächsten Morgen beginnt die Reise um den Überlinger See – nach einem Abstecher nach **Salem** › S. 139 und einem Halt in **Überlingen** › S. 140, das eine fast mediterrane Atmosphäre verbreitet, geht es via **Ludwigshafen** › S. 144 und **Bodman** › S. 145 nach **Radolfzell** › S. 66. Abends wird **Konstanz** › S. 54 als Quartier für die nächsten vier Nächte erreicht. Für die größte Stadt am Bodensee und sein schweizerisches Pendant **Kreuzlingen** › S. 82 sollte man sich einen ganzen Tag Zeit nehmen. Anschließend stehen jeweils entspannte Tagesausflüge zur **Insel Reichenau** › S. 63 und zum **Rheinfall** › S. 74 via **Stein am Rhein** › S. 72 auf dem Programm. Am achten Reisetag werden die Koffer wieder gepackt, denn es geht auf der Schweizer Seite des Obersees über den Fährhafen **Romanshorn** › S. 84 und **Arbon** › S. 85 ins Etappenziel **Rorschach** › S. 86. Das Städtchen mit historischer Badeanstalt im See ist der ideale Ausgangspunkt für einen Abstecher zum **Säntis** › S. 95, dem höchsten Berg der Bodenseeregion, und nach **Appenzell** › S. 93 – Besuch der **Schaukäserei in Stein** › S. 97 inklusive. Am letzten Tag der Tour umrundet man den Obersee an seinem Ostende und kehrt durch Österreich nach Lindau zurück.

 # Mit dem Fahrrad in acht Tagen um den Obersee

**Route:** **Friedrichshafen** › **Langenargen** › **Kressbronn** › **Lindau** › **Bregenz** › **Rheineck** › **Rorschach** › **St. Gallen** › **Käserei Stein** › **Appenzell** › **Heiden** › **Rorschach** › **Arbon** › **Romanshorn** › **Kreuzlingen** › **Konstanz** › **Mainau** › **Unteruhldingen** › **Meersburg** › **Friedrichshafen**

**Karte:** Klappe hinten

**Distanzen:** **Friedrichshafen** › **Langenargen** 10 km; **Langenargen** › **Kressbronn** 6 km; **Kressbronn** › **Lindau** 12 km; **Lindau** › **Bregenz** 10 km; **Bregenz** › **Rheineck** 16 km; **Rheineck** › **Rorschach** 9 km; **Rorschach** › **St. Gallen** 14 km; **St. Gallen** › **Käserei Stein** 9 km; **Käserei Stein** › **Appenzell** 9 km; **Appenzell** › **Heiden** 23 km; **Heiden** › **Rorschach** 10 km; **Rorschach** › **Arbon** 8 km; **Arbon** › **Romanshorn** 10 km; **Romanshorn** › **Kreuzlingen** 19 km; **Konstanz** › **Mainau** 8 km; **Mainau** › **Unteruhldingen** 15 Min. mit Schiff; **Uhldingen-Mühlhofen** › **Meersburg** 5 km; **Meersburg** › **Friedrichshafen** 20 km

**Verkehrsmittel:**
Der Bodensee ist eine ideale Region für eine mehrtägige Fahrradtour in vielen kurzen Etappen, denn überall gibt es etwas zu sehen. Am Seeufer folgt man meist dem markierten Bodensee-Radweg.

Auf dem Bodensee-Radweg im schweizerischen Arbon

Diese Tour ist dank der kurzen Etappen auch für weniger Sportliche geeignet. Die als Rundreise konzipierte Radtour beginnt in der Industriestadt **Friedrichshafen** › S. 121. Hier lohnt nicht nur der Besuch des Zeppelin-Museums, sondern auch des **Dornier Museums** › S. 123, das mit dem Fahrrad gut erreicht werden kann. Am zweiten Tag brechen Sie zum ersten Standortwechsel auf. Auf dem Weg liegt zunächst **Langenargen** › S. 120 mit dem Schloss Montfort, das im maurischen Stil erbaut wurde. Zwischen Langenargen und **Kressbronn** › S. 119 führt der Weg für Radfahrer und Fußgänger über die Argenbrücke › S. 120, die zweitälteste deutsche Hängebrücke. Über Kressbronn geht es via **Wasserburg** › S. 118 und **Bad Schachen** › S. 117 nach **Lindau** › S. 112, wo für zwei Nächte Quartier bezogen wird. Steht der dritte Tag den Besichtigungen von Lindau zur Verfügung, wird am vierten Tag der östliche Zipfel bis auf die Schweizer Seite umrundet. In **Bregenz** › S. 102 lohnt ein längerer Stopp, um u. a. das Gelände der Festspiele und das Kunsthaus aus der Nähe anzuschauen. Via Rheineck führt der Weg bis nach **Rorschach** › S. 86, einer der drei größeren Orte am südlichen Bodenseeufer. Am fünften Tag geht es nach Süden, zunächst nach **St. Gallen** › S. 88 mit dem Stiftsbezirk. Ehrgeizige Radsportler ergänzen von dort die große Runde zur **Schaukäserei Stein** › S. 97, um den würzigen Appenzeller Käse zu degustieren, fahren weiter in den Hauptort **Appenzell** › S. 93 und über den Kurort **Heiden** › S. 92 auf einem Hochplateau mit Sicht auf den Bodensee zurück nach Rorschach, wo erneut übernachtet wird. Am sechsten Tag führt die Tour an der Südseite des Obersees entlang. Vorbei an Burgen und Schlössern erreicht man via **Arbon** › S. 85, **Romanshorn** › S. 84 und **Kreuzlingen** › S. 82 die Stadt **Konstanz** › S. 54, um hier zum letzten Mal für zwei Nächte ein Quartier zu beziehen. Der Stadt wird ein ganzer Tag gewidmet, bevor die Rückreise nach Friedrichshafen ansteht. Von der **Insel Mainau** › S. 62 aus geht es mit dem Schiff hinüber nach **Meersburg** › S. 135 – und dann heißt es noch einmal kräftig in die Pedale treten, bis Friedrichshafen erreicht ist.

# Infos von A–Z

## Ärztliche Versorgung

Als EU-Ausländer oder Schweizer benötigt man in den Bodenseeländern für ambulante oder stationäre ärztliche Behandlung die Europäische Versicherungskarte (EHIC) oder einen provisorischen Ersatz (Anspruchsausweis).

In Österreich ist für verordnete Medikamente und Behandlungen in Vertragskrankenhäusern eine Zuzahlung vorgesehen.

In der Schweiz erhält man in der Regel ambulante Behandlung und Arzneien gegen Vorleistung, die man sich nach Vorlage der Rechnung von der Krankenkasse erstatten lassen kann (außer der Zahnarztrechnung). In öffentlichen Krankenhäusern ist mit einer Zuzahlung zu rechnen.

## Barrierefreies Reisen

Informationen über behindertengerechten Urlaub und Links zu entsprechenden Einrichtungen auch am Bodensee sind auf Internetportalen wie www.behinderung.org, www.myhandicap.ch sowie www.mis-infothek.ch zu finden.

- Die **Schiffer-Gilde** veranstaltet jedes Jahr Segeltouren für körperlich wie geistig behinderte Menschen von Bregenz aus (Tel. 0 75 43/91 31 99, www.schiffer-gilde.de).
- Die Organisation **Hand-in-Hand** betreibt ein Haus für betreuten Urlaub in Sigmarszell (Tel. 0 83 89/2 64, www.handinhand-ferien.de).

## Einreise

Für die Einreise von jedem der Länder in ein anderes reicht ein gültiger Personalausweis. Trotz Schengener Abkommen finden an den Grenzen zur Schweiz regelmäßig Warenkontrollen statt. Die Einreisebedingungen für Liechtenstein entsprechen denen der Schweiz.

## Elektrizität

Die Netzspannung beträgt in allen Ländern 220 Volt Wechselstrom.

In der Schweiz passen die dicken dreipoligen Schukostecker aus Deutschland und Österreich nicht, ein entsprechender Adapter ist in Elektrogeschäften und Kaufhäusern sowie teilweise in den Hotels erhältlich. Die dünnen zweipoligen Eurostecker passen auch in der Schweiz.

## Feiertage

In der Schweiz sind die Feiertage je nach dominierender Konfession von Kanton zu Kanton verschieden; allen gemeinsam ist der Nationalfeiertag am 1. Aug. Der österreichische Nationalfeiertag ist der 26. Okt., der deutsche der 3. Okt. In Liechtenstein fällt er auf Mariä Himmelfahrt (15. Aug.).

In Österreich, Bayern und Baden-Württemberg sind der 6. Jan. (Heilige Drei Könige) und Fronleichnam religiöse Feiertage, in überwiegend katholischen Gemeinden Bayerns und in Österreich auch der 15. Aug. (Mariä Himmelfahrt); in Österreich und Liechtenstein ist zusätzlich der 8. Dez. (Mariä Empfängnis) arbeitsfrei, in Liechtenstein außerdem noch der 2. Feb. (Mariä Lichtmess), der 9. März (Josefstag) und der 8. Sept. (Maria Geburt).

## Geld und Währungen

Sowohl am deutschen als auch am österreichischen Ufer des Bodensees wird mit Euro bezahlt, am eidgenössischen Ufer und in Liechtenstein mit Schweizer Franken (CHF), unterteilt in 100 Rappen (Rp). In der Schweiz werden meist auch

Euro angenommen, umgekehrt ist es weniger üblich.

**Wechselkurs** (Stand: November 2016): 1 € = 1,07 CHF; 1 CHF = 0,92 €

## Haustiere

Für Hunde und Katzen wird bei der Einreise in die Schweiz/Liechtenstein der Nachweis einer Tollwutschutzimpfung im EU-Heimtierausweis verlangt. Die Impfung muss mindestens 30 Tage, darf aber höchstens 1 Jahr zurückliegen. Die Tiere müssen zudem anhand eines Chips identifizierbar sein, eine Tätowierung ist nicht mehr zulässig.

## Information

Für Auskünfte und den Versand von Informationsmaterial sind die Internationale Bodensee-Tourismus GmbH, die verschiedenen touristischen Gebietsgemeinschaften der großen Bodenseeregionen und natürlich die örtlichen Fremdenverkehrsämter zuständig. Die wichtigsten überregionalen Adressen:

- **Internationale Bodensee-Tourismus GmbH**
  Hafenstr. 6, D-78462 Konstanz,
  Tel. 0 75 31/90 94 90,
  www.bodensee.eu
- **Hegau Tourismus**
  Hohgarten 4, D-78224 Singen,
  Tel. 0 77 31/85-2 62, www.hegau.de
- **Lindau Tourismus und Kongress GmbH**
  Alfred-Nobel-Platz 1,
  D-88131 Lindau am Bodensee,
  Tel. 0 83 82/26 00 30,
  www.lindau.de
- **Vorarlberg Tourismus GmbH**
  Poststr. 11, A-6850 Dornbirn,
  Tel. 0 55 72/37 70 33-0,
  www.vorarlberg.travel
- **St. Gallen-Bodensee Tourismus**
  Bahnhofplatz 1a, CH-9001 St. Gallen,
  Tel. 071 227 37 37,
  www.st.gallen-bodensee.ch

- **Ostschweiz Tourismus**
  Fürstenlandstr. 53,
  CH-9000 St. Gallen,
  Tel. 071 274 99 00,
  www.ostschweiz.ch
- **Thurgau-Tourismus**
  Egelmoosstr. 1, CH-8580 Amriswil,
  Tel. 071 414 11 44,
  www.thurgau-bodensee.ch
- **Liechtenstein Center**
  Städtle 39, FL-9490 Vaduz,
  Tel. 00 423 239 63 63,
  www.tourismus.li

Das jährlich im Frühjahr erscheinende **Bodensee-Magazin** (an allen Kiosken) enthält zwar viel Werbung, hat aber durchaus praktischen Nutzen. Für Fragen, die über touristische Informationen hinausgehen, wendet man sich an die Geschäftsstelle der Internationalen Bodensee-Konferenz (IBK) (Benediktinerplatz 1, D-78467 Konstanz, Tel. 0 75 31/ 5 27 22, www.bodenseekonferenz.org).

## Notruf

- **Deutschland**: Polizei 110; Feuerwehr und Notarzt 112
- **Österreich**: Polizei 133; Feuerwehr 122; Ambulanz 144
- **Schweiz und Liechtenstein**: Polizei 117; Feuerwehr 118; Erste Hilfe 144 oder 112

| Urlaubskasse | |
| --- | --- |
| Tasse Kaffee | 2,50 €/4,50 CHF |
| Softdrink | 2,50 €/4 CHF |
| Glas Bier (klein) | 2,50 €/4,50 CHF |
| Viertele Wein | 3,50 €/6 CHF |
| Kugel Eis | 0,80 €/1,80 CHF |
| Taxifahrt (pro km) | 1,80 €/ 3,80 CHF |
| Mietwagen (pro Tag) | 60 €/ 70 CHF |

## Öffnungszeiten

Die Öffnungszeiten von Geschäften, Banken und Postämtern unterscheiden sich in den Ländern nur geringfügig. Allen gemeinsam ist die Tendenz zur Liberalisierung mit verlängerten Ladenöffnungszeiten abends und sonntags.

- In der **Schweiz** sind viele kleinere Läden Mo ganz bzw. vormittags geschlossen; Sa bis 17 Uhr, in manchen Kantonen nur bis 16 Uhr geöffnet.
- In **Liechtenstein** haben Geschäfte werktags in der Regel von 8–12 und 13.30–18.30 geöffnet, Sa 8–16 Uhr.
- In **Österreich** schließen die Geschäfte Sa um 13 Uhr, am 1. Sa im Monat sowie in Tourismusorten um 18 Uhr.

## Souvenirs

Wider Erwarten sind einige Waren in der Schweiz relativ günstig, z. B. Gewürze und Kräuter, Kaffee, Benzin. Interessant ist der Besuch in einem der in der Schweiz verbreiteten und traditionsreichen Gebrauchtwarenläden von gemeinnützigen Einrichtungen, die »Brockenhäuser« genannt werden.

In der gesamten Region bieten Bauern und Winzer ihre Produkte ab Hof und auch auf Wochenmärkten an. Fabriken vermarkten landestypische Produkte wie Schokolade und Käse ebenfalls direkt. Infos über die Verkehrsämter.

## Telefon

In der Schweiz sind die Telefonnummern mittlerweile zehnstellig, d. h., die einstige Ortsvorwahl wurde fester Bestandteil der Nummer. Bei Auslandsgesprächen von einem in ein anderes der Länder wird die Null am Anfang jeweils weggelassen!

**Internationale Vorwahlen:**
- Deutschland 00 49
- Österreich 00 43
- Schweiz 00 41
- Liechtenstein 00 423

## Veranstaltungskalender

Am besten besorgt man sich die Veranstaltungskalender der Kultur- und Verkehrsämter oder Gratis-Monatsmagazine wie »akzent« (Bodenseeregion ohne Vorarlberg) und »Saiten« (Nordostschweiz), die in Geschäften und Lokalen ausliegen. »Der Monat«, ein unabhängiges Magazin für Liechtenstein, steht unter www.liechtensteiner-monat. li als kostenloser Download bereit.

## Wanderkarten

Für Wanderungen empfehlen sich die Karten der Landesvermessungsämter im Maßstab 1 : 50 000, die viel genauer sind als Karten anderer Verlage; für den westlichen Bodensee (Hegau) gibt es mehrere thematische Karten zu Erlebniswegen, Burgen und Vulkanen – mit Broschüren zum Thema in einem preiswerten Paket. Für die Schweizer Seite ist man mit der »Wanderkarte Bodensee« 1:60 000 (Kümmerly+Frey) gut bedient. Karten für Radtouren › S. 29.

## Wettervorhersage

Die als besonders zuverlässig geltende schweizerische Wettervorhersage ist außer über Radio und TV auch unter Tel. 00 41 162 oder online unter www. meteoschweiz.ch zu erfahren.

## Zoll

Für EU-Bürger gibt es beim Warenverkehr zwischen den Bodensee-Anrainerstaaten Deutschland und Österreich keine Beschränkungen. Die folgenden Höchstmengen gelten als Anhaltswerte für den persönlichen Bedarf: 800 Zigaretten, 10 l Spirituosen, 90 l Wein pro Person. Beim Warenverkehr zwischen den EU-Ländern und der Schweiz bzw. Liechtenstein bleiben zollfrei: 200 Zigaretten oder 50 Zigarren, 1 l Spirituosen, 2 l Wein, Souvenirs und Geschenke bis zu 300 CHF.

# Register

155

## Bildnachweis

**Coverfoto:** Mangenturm in Lindau © Getty Images/F1online
**Fotos Umschlagrückseite:** © Huber Images/Wisckov (links); shutterstock/KPG Payless2 (Mitte); Fotolia/manfre1976 (rechts)

Alamy Stock Photo/Arco Images GmbH: 97; Alamy Stock Photo/imageBROKER: 44; Hans-Joachim Arndt: 55; Patrick Brauns: 151; Bregenzer Festspiele/Ralph Larmann: 103; F1online/Gerald Schwabe: 127; Fotolia/groeche: 77; Fotolia/Inga F.: 29; Fotolia/M. Lehmann78: 95; Fotolia/manfre1976: 62; Fotolia/Pecold: 148; Fotolia/Siegmar: U2-1; Fotolia/Carsten Steps: 75; Fotolia/ZIHE: 98; Glowimages/Roland Gerth: 87; Glowimages/Herbert Haltmeier: 78, 85; Glowimages/Markus Keller: 69; Glowimages/Katja Kreder: 145; Glowimages/Movementway: U2-3; Glowimages/imageBROKER/Martin Siepmann: 131; Glowimages/Christof Sonderegger: 13; Glowimages/Wilfried Wirth: 67; Gunnar Habitz: 8-1, 9-1, 9-2, 10; Hermann-Hesse-Höri-Museum: 71; Huber Images/Reinhard Schmid: 32/33, 109, 147; Huber Images/Otto Stadler: 139; Huber Images/Wisckov: 6; iStockphoto/manfredxy: 37; iStockphoto/Rolf Wescke: U2-4; Jahreszeitenverlag/Olaf Gollnek: 116; Jahreszeitenverlag/Georg Knoll: 23; laif/Barth: 35; laif/Ralf Brunner: 30; laif/Keystone Schweiz: 8-2; laif/Raach: 16, 27, 118; Sabine von Loeffelholz: 42; LOOKfoto/age fotostock: 20/21; LOOK-foto/Brigitte Merz: 48/49, 100; LOOK-foto/Ingolf Pompe: 50; LOOK-foto/Quadriga Images: 113; LOOK-foto/TerraVista: 89; LOOK-foto/Heinz Wohner: 132, 158; Marionettenoper: 14; Pixelio/Anguane: 25; Pixelio/Gerhard Giebener: 58, 83, 141; Pixelio/Gisela Schlenzig: 39; Pixelio/Peter Wetzel: 121; Pixelio/Volker Wiedemann: U2-2; Pixelio/Thomas Wiesendahl: 72; Sea Life Konstanz/Patrick Seeger: 26; Shutterstock/Olgysha: 136; Hella Wolff-Seybold: 46; Wikipedia (gemeinfrei): 40; Wikipedia/Friedrich Böhringer/CC BY-SA 2.5: 106; Wikipedia/Andreas Praefcke CC BY 3.0: 142; Ernst Wrba: 64; Zeppelin Museum/Michael Fischer: 122.

Liebe Leserin, lieber Leser,
wir freuen uns, dass Sie sich für diesen POLYGLOTT on tour entschieden haben.
Unsere Autorinnen und Autoren sind für Sie unterwegs und recherchieren sehr gründlich,
damit Sie mit aktuellen und zuverlässigen Informationen auf Reisen gehen können.
Dennoch lassen sich Fehler nie ganz ausschließen. Wir bitten Sie um Verständnis, dass der
Verlag dafür keine Haftung übernehmen kann.

Ihre Meinung ist uns wichtig. Bitte schreiben Sie uns:
**GRÄFE UND UNZER VERLAG**
Postfach 86 03 66, 81630 München, Tel. 0 89/419 819 41
www.polyglott.de

**LESERSERVICE**
polyglott@graefe-und-unzer.de
Tel. 0 800/72 37 33 33 (gebührenfrei in D, A, CH), Mo–Do 9–17 Uhr, Fr 9–16 Uhr

## 2. unveränderte Auflage 2018

**© 2018 GRÄFE UND UNZER VERLAG GmbH, München**
Dieses Buch wurde auf chlorfrei gebleichtem Papier gedruckt.
ISBN 978-3-8464-2017-1

Alle Rechte vorbehalten. Nachdruck, auch auszugsweise, sowie die Verbreitung durch Film, Funk, Fernsehen und Internet, durch fotomechanische Wiedergabe, Tonträger und Datenverarbeitungssysteme jeglicher Art nur mit schriftlicher Genehmigung des Verlages.

**Bei Interesse an maßgeschneiderten POLYGLOTT-Produkten:**
Verónica Reisenegger
veronica.reisenegger@graefe-und-unzer.de

**Bei Interesse an Anzeigen:**
KV Kommunalverlag GmbH & Co KG
Tel. 089/928 09 60
info@kommunal-verlag.de

**Redaktionsleitung:** Grit Müller
**Verlagsredaktion:** Anne-Katrin Scheiter
**Autoren:** Gunnar Habitz, Patrick Brauns
**Redaktion:** Karen Dengler, Werkstatt München
**Bildredaktion:** Ulrich Reißer und Anne-Katrin Scheiter
**Layoutkonzept/Titeldesign:** fpm factor product münchen
**Karten und Pläne:** Gecko-Publishing GmbH, Doris Kordisch und Kunth Verlag GmbH & Co. KG
**Satz:** Tim Schulz, Mainz, und uteweber-grafikdesign
**Herstellung:** Anna Bäumner
**Druck und Bindung:** Printer Trento, Italien

PEFC/18-31-506

GRÄFE UND UNZER

*Ein Unternehmen der*
GANSKE VERLAGSGRUPPE

Weinreben vor der Wallfahrtskirche Birnau

# Meine Entdeckungen

......................................................................

......................................................................

......................................................................

......................................................................

......................................................................

......................................................................

......................................................................

......................................................................

......................................................................

......................................................................

......................................................................

......................................................................

......................................................................

......................................................................

......................................................................

......................................................................

......................................................................

......................................................................

**Clevere Kombination mit POLYGLOTT Stickern**

Einfach Ihre eigenen Entdeckungen mit Stickern von 1–16 in der Karte markieren und hier eintragen. Teilen Sie Ihre Entdeckungen auf facebook.com/polyglott1.

# Checkliste Bodensee

## Nur da gewesen oder schon entdeckt?

☐ **Rundumblick**
Auf dem **Moleturm** an der Hafeneinfahrt von Friedrichshafen bei Sonnenaufgang auf den See und die Altstadt blicken. › **S. 122**

☐ **Badekultur in der Mili**
In der einzigartigen **Badehütte** auf Holzpfählen in Bregenz Badeträume wahr werden lassen. › **S. 12**

☐ **Fahrradperspektive**
Auf dem 273 km langen **Bodensee-Radweg** die Region im eigenen Tempo erkunden. › **S. 12**

☐ **Die Puppen tanzen lassen**
In der **Marionettenoper** in Lindau den Ballettklassiker Schwanensee mit anderen Augen sehen. › **S. 15**

☐ **Kunst und Technik**
Technik und Geschichte der Luftfahrt im **Zeppelin-Museum** mit einer großartigen Kunstsammlung verbinden. › **S. 122**

☐ **Winziges Gottlieben**
Sich von der **kleinsten Dorfgemeinde** der Schweiz bezaubern lassen und dort romantisch übernachten. › **S. 77**

☐ **Haute Cuisine**
Bodenseeküche – das bedeutet **erstklassiger Genuss** aus drei Ländern und fünf regionalen Küchen. › **S. 13**

☐ **Wohlfühloase**
Im Hotel **Bad Schachen** mit herrlichem Blick auf den See relaxen auf höchstem Niveau. › **S. 117**

### Mitbringsel für Daheim

**Konstanz im Glas** wie eine Postkarte an seine Lieben nach Hause verschicken lassen › **S. 17**

**Thurgauer Chäslöcher** von der Dorfkäserei Wüthrich in Steinebrunn › **S. 84**